Moi
et les autres

Albert Jacquard

Moi et les autres

Éditions du Seuil

La plupart des thèmes évoqués ici ont été développés dans deux ouvrages du même auteur parus dans la collection « Science ouverte » aux Éditions du Seuil : *Éloge de la différence*, 1978 ; *Au péril de la science ?*, 1982.

ISBN 2-02-048237-1
(ISBN 2-02-006428-6, 1re publication poche)

www.seuil.com

Moi, je n'suis pas comme les autres,
Ce sont eux qui me l'ont dit.
Mais ça n'est pas de ma faute,
Ils m'ont dit cela aussi...

ANNE SYLVESTRE,
La Chanson de toute seule.

« Moi, je n'suis pas comme les autres. » Faut-il, comme dans la chanson d'Anne Sylvestre, que les autres nous le disent pour que nous le constations ?

A partir d'un bébé inconscient, inachevé, nous avons été peu à peu fabriqués par tous les apports de notre entourage. Faisant flèche de tout bois, ventre de toute nourriture, nous nous sommes développés sans souci, à l'aveuglette, gavés de bouillie, de conseils, de bandes dessinées, d'affection, de réprimandes et de télé.

Vient l'âge où nous nous regardons : cet être que je suis devenu, qui est-il ? Que vaut-il ? Nous interrogeons le regard des autres, et nous avons peur ; car ce regard trop souvent nous transperce sans nous voir (suis-je si inexistant ?) ou se charge d'ironie sinon de mépris (suis-je si ridicule ?). Nous interrogeons les miroirs, et nous sommes déçus, car la réponse est rarement enthousiasmante. Nous interrogeons l'école, et nous ne sommes guère combiés, car elle nous apparaît comme une vaste machine plus préoccupée de nous rendre conformes aux normes imposées que de s'intéresser à chacun de nous.

Moi et les autres

Est-ce que je suis beau ? Est-ce que je suis intelligent ?

A ces deux questions lancinantes, la réponse est « pas comme les autres ». Mais « moins bien » ? ou « mieux » ? Si nous croyons « moins bien », nous nous désolons, nous nous soumettons, et acceptons peu à peu la fatalité d'un destin médiocre. Si, au contraire, nous nous persuadons de « mieux », nous nous glorifions, cherchons à dominer, et nous détruisons finalement nous-même en laissant pénétrer en nous ces deux poisons : le désir du pouvoir et le mépris des autres.

N'y aurait-il donc pas de bonne réponse ?

Non, il n'y a pas de bonne réponse, car la question même n'a pas de sens. Elle repose sur une erreur logique : remplacer « différent » par « inférieur » ou « supérieur ».

Il ne s'agit pas de nier les différences ; mais de s'en enrichir, de s'en enchanter, et pour cela de les regarder en face, d'en préciser la nature, et d'en comprendre l'origine.

CHAPITRE I

Mon Big Bang

Où l'on apprend que nous n'avons pas encore bien compris le sens de la révolution biologique provoquée, il y a 1 ou 2 milliards d'années, par l'invention de la reproduction sexuée et que notre langage est parfois semblable à celui des Algues bleues.

Le Big Bang désigne l'origine de l'univers, l'expression est maintenant bien connue ; selon les astronomes, les innombrables galaxies que nous voyons dans le ciel, et qui s'éloignent de nous à une vitesse d'autant plus élevée qu'elles sont plus éloignées, auraient été créées lors d'une énorme explosion, d'un grand boum, un Big Bang, survenu, Dieu sait pourquoi et comment, il y a quelque 15 ou 20 milliards d'années ; cette explosion se prolongerait dans l'actuelle expansion de l'univers. Il ne s'agit que d'une hypothèse, mais sa crédibilité a été renforcée, lorsque l'on est parvenu à déceler dans l'espace le rayonnement fossile annoncé par cette théorie.

L'origine des astres me passionne, mais plus encore ma propre origine. Quel événement a provoqué le déferlement de réactions chimiques qui ont abouti à la réalisation de mon corps et qui, minute après minute, assurent son fonctionnement ? Quel Big Bang m'a créé ?

Cet événement, sans témoin, situe très précisément mon origine : il a consisté en la pénétration d'un spermatozoïde, expulsé par les organes de mon père, dans un ovule, lentement mûri dans le corps de ma mère. A partir de cet instant, toutes les informations étaient rassemblées grâce auxquelles mon organisme a été peu à peu constitué, puis a été capable de réaliser toutes les fonctions qui lui permettent de se maintenir, de réagir aux agressions du milieu, et, un jour, de se reproduire à son tour.

Reproduction ou procréation ?

Mais nous sommes ici dans un domaine où tous les mots sont des pièges et trahissent la réalité. « Se reproduire », est-ce que je suis capable, moi un homme, une femme, de me reproduire ? Évidemment non, au sens où il s'agirait de fabriquer une copie de moi-même, comme une photocopieuse produit un double d'un document. Les premiers êtres vivants avaient ce pouvoir, comme l'ont encore certains êtres unicellulaires, telles les bactéries. Pour eux la lutte contre le temps, et contre la dégradation qu'il entraîne, consiste à se couper en deux, à remplacer un individu par deux individus identiques. A l'origine cette capacité est synonyme de « vie ». Elle est apparue très tôt, dès que notre planète, se refroidissant, s'entourant d'une atmosphère, et surtout se couvrant de vastes étendues d'eau, a apporté un milieu suffisamment stable pour que des molécules complexes puissent y apparaître et s'y maintenir.

Le secret du procédé réside dans une structure chimique étrange l'ADN ; pour être rigoureux, c'est cette structure, et rien d'autre, qui est dotée du pouvoir de reproduction (voir encadré nº 1). Ce n'est que par excès de langage que l'on accorde ce pouvoir à des êtres qui profitent de la présence en eux de molécules d'ADN pour mimer la reproduction. Cette molécule est d'autre part capable de contrôler la fabrication d'autres molécules dont l'accumulation et les interactions entraînent la réalisation d'un être vivant (voir encadré nº 2).

Le mécanisme de transmission de la vie et des possibilités qui en découlent pouvait donc se représenter, il y a environ 3 milliards d'années, par la formule : « un produit deux ». Mais une technique complètement différente est apparue, il y a sans doute 1,5 ou 2 milliards d'années, elle nécessite l'intervention de deux géniteurs pour donner naissance à un enfant et peut

ENCADRÉ N° 1

UNE MOLÉCULE DOTÉE DU POUVOIR DE REPRODUCTION : L'ADN

On peut, en simplifiant, représenter la structure chimique dite ADN comme une longue échelle dont les barreaux seraient de deux catégories : les uns portent à une extrémité un groupement chimique représenté par la lettre A, à l'autre extrémité un groupement T ; les autres barreaux portent un G d'un côté, un C de l'autre. Les deux montants de l'échelle sont ainsi constitués de séquences complémentaires, la séquence T-C-G-T-A... faisant face à la séquence A-G-C-A-T...

Les deux montants peuvent se séparer, par cassure des barreaux de proche en proche ; à l'image de l'échelle se substitue alors l'image de la fermeture éclair. Chaque groupe chimique, séparé de son complémentaire, attire ce qui lui manque : les ensembles de type T présents dans l'environnement sont attirés par les A, les G par les C, et réciproquement. Chaque séquence reconstitue ainsi, face à elle, la séquence dont elle avait été séparée.

A un brin double d'ADN succèdent de cette façon deux brins équivalents : il y a bien, au sens propre, « reproduction ».

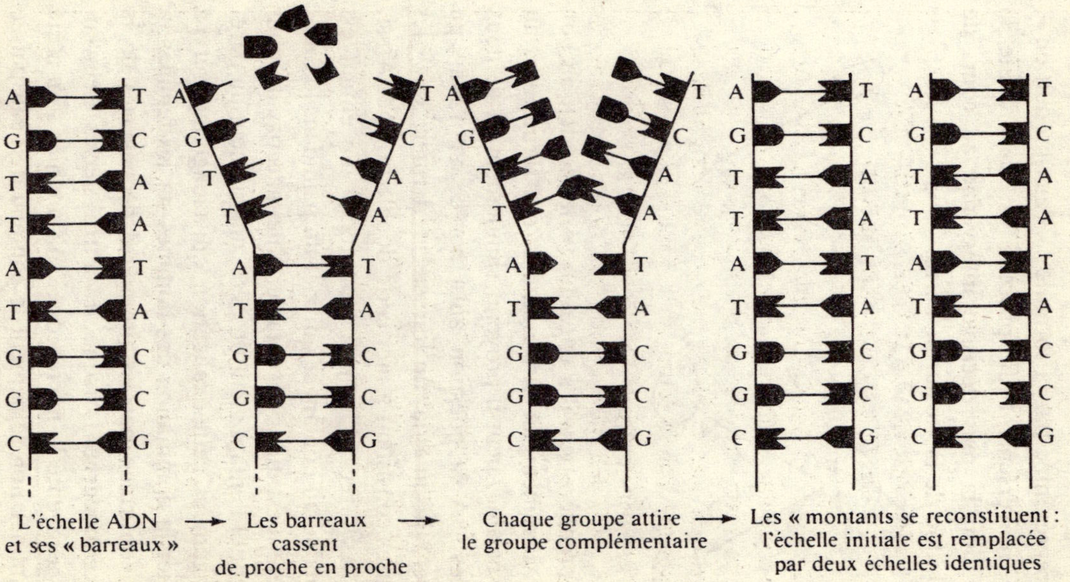

Encadré n° 1

La reproduction de l'ADN

être représentée par la formule : « deux produit un ».

Ce renversement du procédé est sans doute la révolution la plus décisive intervenue au cours de l'évolution de la vie sur la Terre.

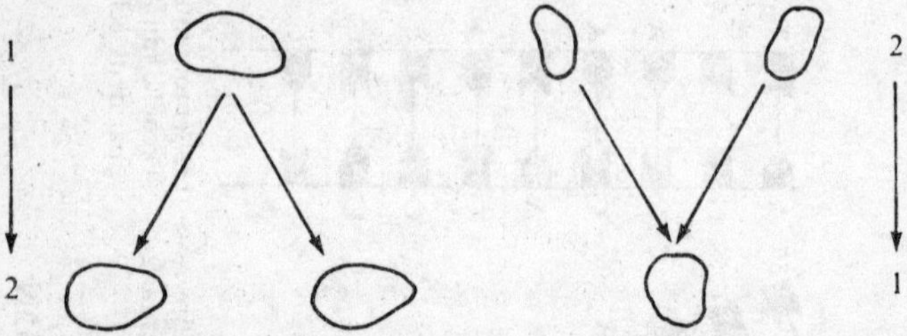

REPRODUCTION PROCRÉATION

A première vue il s'agit d'un véritable défi au bon sens : comment un être unitaire, qui forme un tout indissociable, peut-il provenir simultanément de deux sources ? A la question ainsi posée, on n'avait pu donner, jusqu'à la fin du siècle dernier, que des réponses consistant à nier cette double origine. Ainsi, pour les Grecs, l'homme qui procrée un enfant est semblable au boulanger qui met un pain dans le four ; la mère n'est qu'un réceptacle, utile mais passif ; pour l'essentiel l'enfant vient du père, uniquement du père. Étrangement, cette explication, qui a longtemps servi à justifier la domination des hommes sur les femmes, a paru confirmée par les premières découvertes de la science moderne. Lorsque, il y a trois siècles, Leuwenhoek a inventé le microscope, son premier soin a été d'examiner non seulement le contenu de l'eau puisée

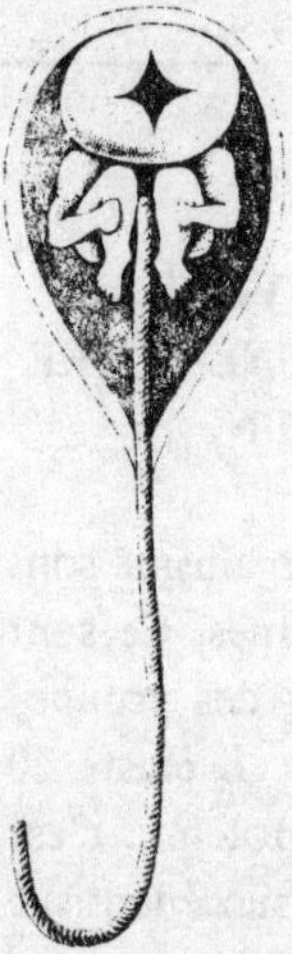

dans un marécage pour y découvrir une multitude d'animalcules inconnus, mais aussi le contenu du sperme masculin : il y a découvert des êtres curieux, animés de mouvements vifs, que nous appelons maintenant spermatozoïdes, et qu'il qualifia d'« homoncules ». Il avait cru voir, dans la tête enflée de ces spermatozoïdes, un bébé tout fait ; le rôle de la mère, pendant neuf mois, était simplement de nourrir et faire grandir ce bébé préfabriqué par le père.

Cette vision des choses a une conséquence étonnante, connue sous le nom de « théorie de l'emboîtement » : l'enfant présent dans la tête du spermatozoïde, s'il est un garçon, possède déjà des testicules dans lesquels sont présents les spermatozoïdes qu'il émettra au cours de sa vie ; ceux-ci contiennent eux-mêmes des bébés préformés, qui... Les générations successives sont alors semblables à une série de poupées russes peu à peu mises au jour, mais présentes dès l'apparition du premier homme. Certains philosophes ont même cru possible d'utiliser la théorie de l'emboîtement pour fonder le concept de péché originel, ou pour calculer la date de la fin du monde (en évaluant le nombre de poupées russes emboîtées dans les testicules d'un homme ordinaire !).

ENCADRÉ N° 2

UNE MOLÉCULE DOTÉE DU POUVOIR DE CONTRÔLER LA FABRICATION D'UNE AUTRE MOLÉCULE : ENCORE L'ADN

Les éléments essentiels constituant l'organisme sont des structures chimiques appelées protéines. Ce sont de longs chapelets dont les grains sont des groupements chimiques appelés acides aminés. Il existe 20 espèces d'acides aminés. Décrire une protéine, c'est décrire la suite des acides aminés qui se succèdent sur sa chaîne.

De petites molécules (appelées ARNt, mais peu importe leur nom savant) réalisent une correspondance entre chaque groupe de trois bases de l'ADN et un acide aminé, au groupe TTT par exemple correspond l'acide aminé appelé phénylalanine.

A la séquence de bases

ATCGCTAAGGTG...

correspond sur la protéine la suite

/Ile/Ala/Lys/Val/...

où chaque groupe de 3 lettres est le symbole d'un acide aminé.

Pour fabriquer une protéine comportant 150 acides aminés, il faut donc disposer de 450 bases sur l'ADN.

La théorie inverse avait été proposée lorsque l'on a découvert dans l'organisme féminin cette cellule particulièrement grosse qu'est l'ovule : il paraît d'ailleurs plus raisonnable d'imaginer qu'un bébé tout préparé y est présent, car elle est 80 000 fois plus volumineuse qu'un spermatozoïde. C'est alors au père qu'est attribué un rôle bien secondaire.

La querelle entre « ovistes » et « spermatistes » a fait rage jusqu'à ce que l'on admette, au début du XIXe siècle, la nécessité d'une double hérédité attribuant au père et à la mère des rôles symétriques.

Remarquons que la vision des « spermatistes » reste celle du sens commun et est perpétuée par le langage. Nous ne réagissons pas lorsque nous lisons dans les livres d'éducation sexuelle destinés aux enfants : « Pour que tu naisses, il a fallu que ton papa dépose une graine dans le ventre de ta maman » ; cette présentation qui attribue au père le rôle essentiel de la semence, et à la mère le rôle passif du terrain, est parfaitement contraire à la réalité. Il faut habituer les esprits à une vision plus vraie, et admettre une égalité des rôles initiaux des deux parents.

Mais on se heurte alors à une difficulté qui paraît insurmontable : admettons, ce qui paraît raisonnable, conforme au « bon sens », que les deux parents soient responsables à égalité des diverses caractéristiques mesurables chez l'enfant ; chaque mesure de celui-ci sera proche de la moyenne arithmétique des mesures de ses parents. Cette conséquence paraît bien naturelle ; en fait, elle aboutit à une absurdité. En effet, elle entraînerait une homogénéisation progressive de la population, puisque l'enfant serait nécessairement plus proche de la moyenne du groupe que le plus extrême de ses parents. Or cette homogénéisation n'est nullement observable dans la réalité ; il est clair que, tout au contraire, la transmission des caractères s'accompagne du maintien de la diversité.

Cette opposition entre les conséquences de la théorie et l'observation semblait sans issue à des chercheurs qui, comme Darwin, s'efforçaient, au cours de la seconde moitié du XIXe siècle, d'expliquer l'évolution des espèces. La réponse avait pourtant été fournie dès 1865 par un moine de Brno (République tchèque), Gregor Mendel, mais ce qu'il proposait était si révolutionnaire que personne ne l'avait cru, ni même ne l'avait compris. Il niait, tout simplement, l'unicité de l'être vivant, du moins dans les espèces sexuées. Certes, disait-il, tel pois n'a qu'une couleur, il est soit vert soit jaune ; mais la plante possède non pas un, mais deux facteurs pour gouverner ce caractère. L'apparence est l'unité, mais la réalité profonde est la duplicité ; chaque être est « co-piloté » par une double collection de facteurs reçus pour moitié de son père, pour moitié de sa mère.

Cette présentation de la réalité biologique était si nouvelle, si opposée aux habitudes de pensée, que personne ne la prit au sérieux, malgré les nombreuses lettres de Mendel à ses collègues. Il fallut attendre que les progrès techniques permettent de mieux observer les cellules qui composent les organismes vivants.

L'attention a alors été attirée sur le comportement étrange de longs filaments situés dans les noyaux de ces cellules, les chromosomes. On constata que ceux-ci vont par paires, et qu'un seul élément de chaque paire est représenté dans les spermatozoïdes et dans les ovules. L'enfant, issu de la fusion de ces deux cellules, reçoit donc des chromosomes provenant pour moitié de son père, pour moitié de sa mère. L'idée que les chromosomes sont les supports de l'hérédité s'est alors imposée et, en 1900, la vision mendélienne de la double commande de tout caractère élémentaire a été enfin acceptée, ce qui a permis le développement d'une discipline scientifique nouvelle, la génétique. Mais trente-cinq précieuses années avaient été perdues.

La résistance manifestée par notre société à la révolution conceptuelle apportée par Mendel est un exemple caractéristique de la rigidité de nos structures mentales. Même lorsque l'évidence résultant de multiples observations conduit à nier les modèles explicatifs adoptés jusqu'alors, les esprits restent imprégnés des concepts d'autrefois ; ne serait-ce que par l'usage de mots qui ne représentent plus rien (comme nous l'avons remarqué à propos de la « reproduction » sexuée).

Les conséquences de ce regard nouveau sur la réalité biologique sont si nombreuses et si décisives qu'aujourd'hui encore elles ne sont pas vraiment comprises ; chaque jour on peut trouver des articles de journaux dont l'auteur raisonne comme on aurait pu le faire avant Mendel. Et pourtant, nous le verrons, c'est le sort de chacun de nous, et de notre société, qui est en jeu ; il vaut la peine de faire quelques efforts pour être enfin un peu plus lucides (et d'autres efforts plus utiles encore pour comprendre les raisons qui nous ont fait, si longtemps, refuser la lucidité).

Apparence et réalité (« phénotype et génotype »).

La première conséquence de la double commande génétique est que l'apparence unitaire des individus est parfaitement trompeuse. Si l'on examine mon sang et que l'on cherche mon « groupe sanguin ABO », la réponse du laboratoire tient en une seule lettre : B. Les réactions de mon sang ne permettent pas d'en dire plus. Mon apparence, mon « phénotype », comme on dit savamment, est unitaire. Mais, en fait, ce caractère est gouverné dans chacune de mes cellules par deux facteurs, nous disons maintenant deux *gènes*, identiques l'un à celui présent dans le spermatozoïde, l'autre à celui présent dans l'ovule dont je suis issu. La réalité profonde est donc décrite par deux lettres, elles représentent mon « génotype ». Il se trouve que pour moi ces deux gènes sont un b et un o.

Tous les raisonnements que l'on tient à propos des

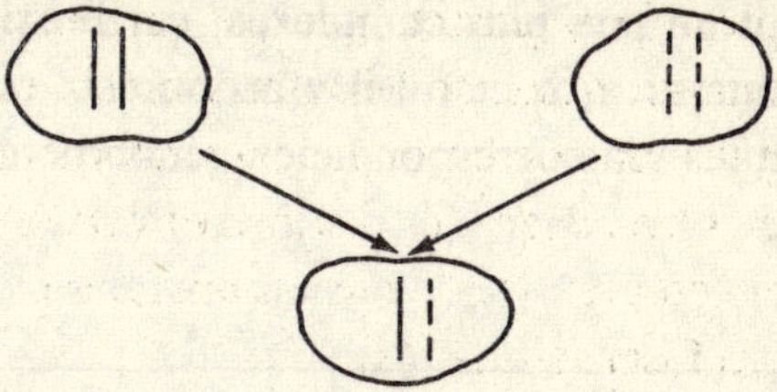

caractères biologiques et de leur transmission doivent évidemment tenir compte de ce double niveau de la réalité. L'objectif premier des recherches en génétique est justement de préciser le lien entre le caractère apparent et les gènes présents. C'est ce qu'avait fait Mendel à propos de la couleur des pois : ceux-ci sont soit verts (V), soit jaunes (J) ; le caractère n'a donc que deux modalités. Les gènes correspondants sont aussi de deux sortes : v et j ; mais comme chaque plante en possède une paire, les combinaisons possibles sont : vv, vj, jj ; soit trois génotypes. Les expériences de croisement qu'il a réalisées ont montré à Mendel que la correspondance génotype-caractère est :

vv → V	vj → J	jj → J

la connaissance du génotype implique donc celle du caractère ; par contre, la réciproque n'est pas toujours vraie, les plantes J peuvent être soit vj soit jj.

Pour le système sanguin ABO de l'homme, les choses sont un peu plus complexes, car il existe trois gènes distincts : a, b et o ; il y a donc six combinaisons possibles ; la correspondance génotype-caractère est :

aa → A,	bb → B,	oo → O,	ab → AB,	ao → A,	bo → B

Là encore une même apparence peut correspondre à deux génotypes : A correspond aussi bien à aa qu'à ao, B à bb qu'à bo.

On connaît maintenant, aussi bien chez l'homme que chez les animaux ou chez les plantes, de nombreux traits pour lesquels de telles correspondances ont pu être établies. Certaines sont complexes en raison de la grande variété des gènes présents ; tel est le cas pour les systèmes immunologiques responsables des rejets de greffes. D'autres sont aussi simples que pour la couleur des pois de Mendel ; c'est le cas notamment de nombreuses maladies dites « héréditaires » : la plus fréquente en Europe est la *mucoviscidose* qui touche un enfant sur 2 500 environ. Malgré les progrès médicaux, elle entraîne des souffrances graves pour les personnes atteintes. La cause en est maintenant connue, il s'agit d'un gène provoquant un mauvais fonctionnement du pancréas ; désignons-le par la lettre m, le gène « normal » étant n. La correspondance génotype-phénotype est ici :

nn → sain	nm → sain	mm → malade

De telles correspondances permettent de comprendre comment un caractère peut se transmettre de génération en génération. Mais il nous faut, pour aller plus loin, introduire un acteur inattendu : le hasard.

Hasard et procréation.

Nous avons vu que les gènes d'un individu viennent tous du spermatozoïde et de l'ovule dont il est issu. Mais ces deux cellules ont elles-mêmes été fabriquées à partir des organismes des parents. Or, la particularité des spermatozoïdes et des ovules, les « gamètes », est de ne contenir, contrairement aux autres cellules, qu'une seule série de chromosomes et non deux. Leur fabrication nécessite donc un choix. Moi qui, pour le groupe sanguin ABO, ai le génotype bo, lorsque je produis un spermatozoïde je lui affecte soit le gène b soit le gène o ; et de même pour chacun des caractères élémentaires. Comment cette décision est-elle prise ? Comment est opéré ce choix ?

Bien sûr, je n'ai aucune action volontaire sur le résultat. Les hommes fabriquent, tout au long de leur vie, un nombre fantastique de spermatozoïdes (plusieurs centaines de millions à chaque éjaculation). Les femmes ne produisent que quelques centaines d'ovules prêts a être fécondés (un par mois de la puberté à la ménopause) ; pour cela, elles puisent dans un stock de plusieurs centaines de milliers d'ovules dont elles ont commencé la préparation peu avant leur naissance ; mais elles les ont alors laissés inachevés. La réalisation d'un nombre aussi élevé de cellules, toutes distinctes, échappe évidemment à la volonté. Pour chaque caractère élémentaire, le « gamète » est doté d'un des deux gènes de l'organisme, soit celui qui avait été fourni par le père, soit celui qui avait été fourni par la mère. Or, il y a plusieurs dizaines de milliers de paires de gènes ; le nombre des combinaisons possibles est donc prodigieusement élevé : on peut calculer qu'il est très supérieur au nombre total d'atomes de l'univers accessible.

Des mécanismes chimiques sont certes à l'œuvre pour réaliser ces choix, mais ils sont si complexes que l'on ne peut prévoir le résultat de l'interaction des multiples causes qui interviennent. Il est commode de dire que le « hasard » décide, en donnant de ce mot la définition : « Le hasard est le sujet du verbe choisir lorsque ce sujet est inconnu, ou inconnaissable, ou même, peut-être, inexistant. » Cette intervention du hasard est l'apport essentiel de la procréation sexuée ; à cause d'elle l'enfant issu d'un couple ne peut être prévu avec certitude, même si l'on connaît avec précision les gènes des parents.

Reprenons l'exemple du système sanguin ABO. J'ai montré que mon « phénotype » unique (B) correspond à un « génotype » double : bo ; si je procrée un enfant avec une partenaire dont le groupe est A et le « génotype » ao, quatre éventualités sont possibles : je peux transmettre soit b, soit o et elle, soit a, soit o ; l'enfant pourra être :

— bo, donc B ; apparemment il est identique à son père, sa mère semble n'avoir eu aucun rôle, ce qui aurait donné raison aux « spermatistes » ;

— ao, donc A ; apparemment il est identique à sa mère, son père semble n'avoir eu aucun rôle, ce qui aurait donné raison aux « ovistes » ;

— ab, donc AB ; apparemment il cumule les caractéristiques de son père et de sa mère ; ni « ovistes » ni « spermatistes » ne l'avaient prévu ;

— oo, donc O ; cette fois il ne ressemble ni à son père ni à sa mère, ce qui peut paraître inexplicable (et même entraîner un drame dans le couple : « d'où vient donc cet enfant ? »).

Cet exemple très simple montre à quel point la comparaison entre les parents et les enfants peut sembler paradoxale. Contrairement à ce que le langage laisse croire, les caractères ne sont pas transmissibles ; nous ne transmettons pas nos caractéristiques ; nous transmettons la moitié des gènes qui les gouvernent, ce qui est totalement différent.

Connaissant les gènes des parents, il nous est simplement possible d'énumérer les divers génotypes que peuvent recevoir les enfants, non de prévoir celui qui sera effectivement réalisé. Si nous tenons compte de l'ensemble des caractères qui définissent l'individu, cette énumération aboutit à un nombre d'enfants possibles pour un couple donné si élevé que deux enfants ont nécessairement des patrimoines génétiques différents (à l'exception des « vrais » jumeaux qui sont issus du même œuf). Chacun de nous est unique, exceptionnel. Il ne reproduit aucun de ses parents ou de ses ancêtres. Il est le résultat d'une création et non d'une « reproduction ». Nous pouvons toutefois aller un peu plus loin en attribuant une *probabilité* à chacun des cas. L'intervention du hasard dans le mécanisme du choix des gènes a pour conséquence que tous les raisonnements concernant la procréation doivent, pour rester réalistes, être des raisonnements probabilistes.

Curieusement, cette forme de raisonnement n'est enseignée qu'au niveau des classes de terminale, et seulement aux options dites « scientifiques ». Pourtant tout élève de 4e ou de 3e pourrait fort bien la comprendre. L'objectif est d'adopter une attitude réaliste prenant en compte notre incapacité à connaître parfaitement ce qui nous entoure. Dans la pratique, nos informations sont toujours partielles, notre compréhension des mécanismes à l'œuvre toujours incertaine, toute prévision est donc entachée d'imprécision, toute décision est donc un pari. Le raisonnement probabiliste (dont on peut faire remonter l'origine à Pascal) est une méthode qui permet de rester rigoureux, tout en tenant compte du flou qui marque notre connaissance du réel, de son état actuel comme de ses lois.

Classiquement, les exemples fournis à propos des probabilités concernent les jeux dits « de hasard » : dés, cartes, roulette. En fait, ces exemples sont trompeurs, car une connaissance meilleure de la position du dé au moment de son lancement, de sa forme, de la résistance de l'air, etc., permettrait une prévision parfaite du résultat. Des exemples beaucoup plus purs de processus aléatoires sont fournis par la procréation sexuée ; s'interroger à propos des enfants en fonction des informations recueillies sur les parents constitue un exercice parfait de raisonnement probabiliste, et un exercice qui peut nous amener, nous le constaterons, à remettre en cause bien des idées reçues. Pour commencer, interrogeons-nous sur la signification d'un adjectif qui pèse si lourdement sur le destin de certains : « taré ».

Qui n'est pas « taré » ?

Chacun a entendu déclarer, à propos de telle ou telle famille, « ce sont des tarés » ; ces mots chargés, consciemment ou non, de mépris sont souvent prononcés à voix basse, si intense est le sentiment d'évoquer une réalité mystérieuse, secrète, une force presque surnaturelle. On signifie ainsi que, de génération en génération, certains traits défavorables, certaines maladies, apparaissent systématiquement ; une fatalité semble peser sur la lignée, signe peut-être d'une « faute » passée. Ne nions pas les faits, regardons-les en face.

Puisqu'il s'agit de caractères manifestés au cours de plusieurs générations, ils sont apparemment transmissibles. Or, nous y avons insisté, les êtres sexués ne peuvent transmettre leurs caractères ; ils ne transmettent, et encore partiellement, que leurs gènes. Les « tares » ne sont transmissibles que si elles sont l'expression de certains gènes. Seront « tarées » les familles dont le patrimoine biologique possède de tels gènes.

Effectivement, certaines maladies, souvent fort graves, parfois mortelles, sont très directement provoquées par la possession de certains gènes, ainsi la *mucoviscidose* que nous avons déjà évoquée. Une famille peut être dite « tarée » si un des enfants manifeste cette maladie, c'est-à-dire a le génotype mm. Cependant, une famille où le gène m est présent, mais uniquement dans des génotypes nm, ne comporte aucun individu atteint. Peut-on dire qu'elle est moins « tarée », alors qu'elle peut tout autant répandre dans la population le gène responsable de la maladie ? Toute personne saine est sûre de ne pas avoir le génotype mm ; mais elle peut fort bien être nm ; comment le savoir ?

Un raisonnement simple permet non pas de décider si, oui ou non, je suis porteur du gène m, mais de calculer la probabilité de cet événement. Nous avons vu qu'un enfant sur 2 500 est atteint de *mucoviscidose*, on peut en déduire que la fréquence des gènes m dans la population est la racine carrée de 1/2 500 soit 1/50 ; la fréquence des porteurs est donc de 2(1/50) (1-1/50) soit environ 4 % [1]. Autrement dit, en France, le nombre de malades serait de 20 000 si leur longévité était normale, mais le nombre de porteurs est de l'ordre de 2 000 000, soit 100 fois plus.

Bien que n'ayant pas cette maladie, j'ai donc 4 chances sur 100 d'en porter le gène ; cela peut sembler faible : j'ai encore 96 chances sur 100 de n'avoir que des gènes « normaux ». Mais il n'y a pas que la *mucoviscidose*. De très nombreuses maladies ont des méca-

1. Ce résultat est obtenu très simplement en appliquant les règles élémentaires du calcul des probabilités. La démonstration est donnée dans *Éloge de la différence*, p. 32.

nismes semblables : la probabilité que je ne sois porteur d'aucun des gènes responsables est pratiquement nulle. Je suis presque sûrement porteur de tares, même si je n'en manifeste aucune. Certains généticiens ont calculé que chacun de nous est, en moyenne, porteur de gènes capables de tuer, lorsqu'il sont en double exemplaire, 3 ou 4 fois chacun de ses enfants : non seulement je suis « taré », mais je suis « polytaré ». Dans ces conditions, le mieux n'est-il pas d'oublier cette interrogation ?

Ces constatations mettent aussi en évidence combien seraient vains les efforts, parfois préconisés, d'améliorer le patrimoine génétique de la population française en éliminant les « mauvais » gènes. Un dictateur désirant supprimer la *mucoviscidose* pourrait ordonner de tuer tous les enfants manifestant cette maladie, ainsi ils ne pourraient transmettre à la génération suivante les gènes m qu'ils possèdent. Mais cette mesure n'empêcherait pas les 2 millions de porteurs de procréer en toute bonne conscience. Dans ces conditions, on peut calculer que plusieurs milliers d'années seraient nécessaires pour réduire seulement de moitié la fréquence de la maladie. De telles mesures dites « eugéniques » sont totalement irréalistes, car elles ne tiennent pas compte de ce fait : pour l'immense majorité, les gènes responsables de traits défavorables ne se manifestent pas.

Une famille « tarée » est simplement une famille qui a eu la malchance de manifester quelques-uns des gènes responsables de maladie, présents dans son patrimoine génétique comme dans presque toutes les familles, et pas nécessairement plus que dans d'autres familles.

Mais il faut aussi vider le mot « tare » d'une autre signification qui lui est presque systématiquement attachée, celle de « fatalité ». Cela va nous amener à évoquer un problème qui est au centre de la plupart des discussions à propos de la génétique, celui des rôles respectifs de l'« inné » et de l'« acquis ».

Nous avons montré qu'un enfant ayant reçu deux gènes m (ayant donc le « génotype » mm) est atteint de *mucoviscidose* ; cela peut être interprété en affirmant que ces gènes sont la *cause* de la maladie. Trop souvent on présente ainsi les gènes comme des acteurs, ou comme des programmes semblables à ceux des ordinateurs, au déroulement implacable. L'exemple d'une autre maladie va mettre en évidence combien cette présentation est contraire à la réalité.

La *phénylcétonurie* est une maladie très grave qui entraîne une détérioration des facultés intellectuelles ; elle est due à la présence en double dose d'un certain gène. Il y a une trentaine d'années, on a compris que cette détérioration résultait de l'accumulation dans l'organisme d'une substance normalement éliminée par des réactions que le gène en question ne sait pas provoquer. Pour éviter le développement de la maladie, on a pu mettre au point un régime très pauvre en cette substance ; le génotype responsable n'entraîne donc plus la *phénylcétonurie* ; il a suffi, pour casser cette fatalité, de modifier l'alimentation.

En fait, un gène n'est pas un chef donnant des ordres ; il n'est rien d'autre qu'une structure chimique ; comme toute structure chimique, il est muet, capable seulement de réagir face à d'autres substances. Celles-ci sont apportées par le milieu. Toutes les réactions qui ont peu à peu constitué notre organisme et qui lui permettent de se maintenir résultent de la rencontre de nos gènes et des apports du milieu, de l'inné et de l'acquis. Après le Big Bang qu'a constitué la pénétration de l'ovule par le spermatozoïde, d'innombrables événements m'ont fait ce que je suis. Dans quelle mesure étaient-ils déterminés par le programme génétique initial ? Dans quelle mesure ont-ils été influencés par l'expérience que j'ai vécue ?

Mais ces questions ont-elles un sens ? Nous allons voir qu'en fait elles traduisent notre besoin de confort intellectuel : nous croyons naïvement avoir trouvé une réponse à nos interrogations intérieures lorsque cette réponse peut être exprimée par un nombre. Mais n'est-ce pas la pire des illusions, si ce nombre ne représente rien ?

CHAPITRE II

L'inné et l'acquis

Où l'on constate que toute la difficulté vient non du mot inné *ou du mot* acquis, *mais de ce petit mot piège,* et.

Tout ce qui se manifeste en moi, mon groupe sanguin B, la couleur de ma peau, mon tour de tête, la rougeole que j'ai eue enfant, ou tel trait de mon « intelligence », tout cela résulte de mécanismes biologiques qui dépendent à la fois :

— des informations apportées par le patrimoine génétique fourni moitié par mon père, moitié par ma mère ; ce qui en moi est « inné » ;

— et des apports du milieu en matériaux, énergie, lectures, affection... ; ce qui en moi est « acquis ».

Il est tentant de s'interroger sur les influences respectives de ces deux ensembles et de poser la question : quelle a été la part de chacun ? Il semble clair, par exemple, que mon groupe sanguin a été déterminé par des éléments innés, tandis que la rougeole a été provoquée par des facteurs acquis. Il se trouve cependant que, le plus souvent, cette question ne peut avoir de sens ; chercher à y répondre ne peut que conduire à des absurdités. Nous allons voir pourquoi.

Mais il se trouve aussi que, dans notre société, cette réponse a été mille fois donnée à propos d'un des caractères qui nous préoccupent le plus, les performances intellectuelles. Qui n'a eu l'occasion de lire, dans des articles de journaux ou dans des livres, que « l'intelligence dépend à 80 % des gènes et à 20 % du milieu » ? Cette phrase est sans doute le prototype de l'affirmation totalement vide, devenue une vérité première à force d'être répétée. Vide, car elle ne peut avoir de sens qu'en admettant une hypothèse évidemment contraire à la réalité : gènes et milieu additionnent leurs effets.

En fait, ce qui crée problème dans l'expression « inné et acquis » n'est ni l'inné ni l'acquis (ils peuvent être facilement définis), mais ce petit mot de deux lettres qui constitue un des pires pièges de notre langue « et ». Explorer ce piège va nous amener, de façon peut-être inattendue pour certains, à nous méfier d'un outil pourtant bien utile dans la vie de tous les jours : l'addition.

L'addition : un piège redoutable.

« Deux et deux font quatre » ; non « Deux et deux font vingt-deux » ; qui a raison, qui a tort ? Tout dépend du sens du mot « et ».

Très tôt (trop tôt ?) nous avons appris à additionner des nombres. Nous avons, à cette occasion, acquis des réflexes qui se substituent à notre réflexion ; entendant « deux *et* deux », nous comprenons « deux *plus* deux », et nous additionnons. Mais le plus souvent, « et » ne concerne nullement une addition ; il évoque la juxtaposition de deux éléments qui interagissent, et dont l'addition ne peut avoir de sens. Lorsqu'un acide *et* une base entrent en contact, la réaction n'a rien à voir avec une addition ; de même lorsque le cuisinier utilise, pour faire le dîner, un livre de cuisine *et* ses provisions de légumes.

A y bien réfléchir, l'addition nous est surtout utile pour faire nos comptes, car les valeurs des choses sont parfaitement additives. On ne peut additionner des choux et des carottes, mais 20 F de choux et 30 F de carottes font bel et bien 50 F de légumes. Au contraire, dans le monde physique qui nous entoure, et particulièrement dans le domaine biologique, bien peu de paramètres sont réellement additifs. Une aventure qui m'est arrivée dans la brousse du Sénégal m'a bien fait comprendre les dangers de cette opération. Mon compagnon, était ce matin-là, tout joyeux : il allait enfin épouser la fille qu'il aimait. « Pourquoi attendais-tu ? — Je devais pouvoir acheter une vache et l'offrir à son père. — Comment as-tu eu ta vache ? — Avec sept chèvres, car chez nous une vache vaut sept chèvres. — Comment as-tu eu ta septième chèvre ? — Avec six poulets, car chez nous une chèvre vaut six poulets. — Par conséquent, chez vous, une vache vaut quarante-deux poulets », lui ai-je répondu pour lui montrer que je savais faire des multiplications. Mais il n'a été nullement admiratif : « Personne ne serait assez bête pour faire ça », m'a-t-il répondu en se moquant.

Il aurait fallu en effet être complètement stupide pour venir acheter une vache avec quarante-deux poulets, impossibles à transporter et à compter. Je venais d'apprendre qu'additionner des poulets avec des poulets n'est pas une opération à réaliser sans précaution.

Mais notre besoin de confort intellectuel est si grand que nous cherchons inconsciemment à ramener à une addition les interrogations que nous nous posons à propos du réel. Tel est le cas lorsque nous évoquons les « parts » de l'inné et de l'acquis. Si vraiment ces parts étaient, pour le fameux QI censé mesurer l'intelligence, de 80 % et 20 %, il nous faudrait admettre qu'un enfant ayant reçu des gènes normaux mais aucun apport du milieu aurait un QI de 80, et un enfant ayant reçu une éducation normale, mais pas de gène, aurait un QI de 20 ; mais comment évoquer avec sérieux l'enfant sans gène ? Pour échapper à ce ridicule et retrouver malgré tout le confort intellectuel d'un mécanisme additif, on peut alors modifier le problème en analysant non plus le caractère lui-même (ici le QI), mais les causes des écarts constatés entre les individus. Pour mieux faire comprendre les pièges de cette analyse, évoquons un exemple simple : ma dépense annuelle en livres.

Analyse additive des écarts entre individus.

La somme que je dépense à la librairie dépend de deux éléments : le nombre de livres que j'achète et leur prix. J'ai dépensé 20 % de plus cette année que l'an dernier ; cela résulte de deux évolutions : j'ai acheté 12 % de plus de livres, et le niveau de leur prix a augmenté de 9 %. Une telle analyse de l'écart constaté, en deux parts correspondant aux deux facteurs impliqués, semble raisonnable, même si, en y regardant de plus près, la somme des deux écarts partiels ne correspond pas exactement à l'écart total.

C'est de cette façon que procèdent les économistes, lorsqu'ils analysent l'évolution de la production industrielle ou de la consommation des ménages : une part de l'écart constaté d'une année à l'autre est attribuée à l'augmentation des prix, une autre à la variation du volume global.

Des techniques mathématiques parfois complexes ont été mises au point pour réaliser ces analyses. Cette complexité même et le recours à des outils aussi prestigieux que les ordinateurs risquent de faire illusion, de nous donner une confiance excessive dans les résultats obtenus. En réalité, le résultat d'un calcul n'a de valeur que si les données utilisées étaient précises, et surtout si la question à laquelle on s'efforce de répondre avait un sens.

Or l'analyse des écarts est soumise à une limitation très stricte que l'on oublie trop souvent : elle n'a de sens que localement, c'est-à-dire dans une plage très restreinte de variation. Il est clair que la comparaison des consommations des ménages français aujourd'hui et au début du XIXe siècle ne peut s'analyser en deux termes, les prix et les volumes, tant est important le changement de la structure même de cette consommation ; il en serait de même si l'on voulait comparer deux pays aussi différents que la France et le Mali.

Dans la réalité, quel que soit le problème étudié, les divers facteurs en jeu agissent simultanément ; les conséquences de la variation de tel facteur dépendent donc de l'état des autres facteurs. Il est par conséquent impossible (et c'est là une nécessité logique, définitive) d'isoler l'effet de chacun.

Revenons à l'exemple initial à propos d'achats de livres : pour caractériser l'évolution globale des prix, il faut tenir compte de la répartition des quantités achetées ; pour caractériser l'évolution globale des quantités, il faut tenir compte des prix. L'encadré nº 3 donne un exemple où l'évolution en sens inverses des prix des deux catégories de livres enlève tout sens à l'analyse en deux « parts » de l'accroissement de la dépense.

Dans les mécanismes biologiques, de telles interactions complexes sont bien évidemment la règle. Tel gène, ou tel génotype, peut entraîner un accroissement du caractère étudié dans tel milieu, une diminution dans tel autre. Les éleveurs le savent bien : la structure génétique des vaches hollandaises est très favorable à la production de lait dans les prairies humides, mais elle est catastrophique dans les pays secs où, au contraire, les zébus apportent les gènes nécessaires à la survie des animaux.

Comparer deux troupeaux, l'un picard, l'autre normand, et imputer les écarts de production laitière pour telle part aux différences de milieu, pour telle part aux différences génétiques, peut avoir un sens, et même être utile pour orienter la sélection des reproducteurs. Mais le résultat obtenu ne peut concerner que cette comparaison particulière et ne peut évidemment être étendu à l'ensemble de l'espèce bovine ; en tirer la conclusion que « le rendement en lait des vaches dépend pour 20 % du milieu et pour 80 % des gènes » serait une imposture qu'aucun éleveur, aucun généticien n'a jamais osé commettre.

Par suite de quelles aberrations, ou pour camoufler

ENCADRÉ N° 3

LES PIÈGES DE L'ANALYSE DES VARIATIONS

En 1981, j'ai acheté chez mon libraire 20 livres de poche à 10 F et 20 livres d'art à 100 F, soit une dépense totale de 2 200 F.

En 1982, le prix des livres de poche a augmenté et atteint 15 F, en revanche celui des livres d'art est revenu à 90 F. J'ai acheté 60 livres de poche et 15 livres d'art, soit une dépense totale de 2 250 F.

Dans l'augmentation de ma dépense (+ 50 F), quelle est la part due à la variation des quantités, la part due à la variation des prix ?

Répondre semble facile :

— si les prix étaient restés ceux de 1981, ma dépense aurait été de 60 × 10 + 15 × 100 = 2 100 : le changement des quantités a donc entraîné une diminution de 100 F ;

— si les quantités achetées avaient été les mêmes qu'en 1981, ma dépense aurait été de 20 × 15 + 20 × 90 = 2 100 F : le changement des prix a donc entraîné une diminution de 100 F.

Agissant séparément, la variation des prix aurait provoqué une diminution de ma dépense ; il en est de même pour la variation des quantités. Et pourtant j'ai dépensé 50 F de plus !

En fait, l'erreur vient de ce que les variations calculées en isolant chaque facteur n'ont absolument aucun sens. C'est la question posée « Quelle est la part due... » qui est absurde. Quelle que soit la technique utilisée pour y répondre, la réponse ne peut, elle aussi, qu'être absurde.

Comment certains psychologues croient-ils encore possible d'évoquer les « parts » de l'inné et de l'acquis dans l'intelligence ?

quels desseins, des phrases semblables ont-elle pu être dites, écrites et répétées à propos de notre propre espèce ?

Il semble que bien des erreurs de raisonnement sont provoquées par la tendance plus ou moins consciente à assimiler « détermination génétique » et « fatalité ».

Génétique et fatalité.

Les recherches des généticiens ont nécessairement porté sur des caractères pour lesquels le déterminisme de l'action des gènes est strict, où la correspondance que nous avons évoquée entre génotype et phénotype peut être résumée par un tableau simple, tels ceux que nous avons donnés pour la couleur des pois, le système sanguin ABO, ou la *muciviscidose*. De tels caractères sont déterminés sans ambiguïté par les gènes ; le milieu, l'aventure vécue par l'individu n'ont aucune influence. J'ai le groupe B, car j'ai reçu un gène b et un gène o ; aucune modification de mon mode de vie n'y peut rien changer. Les gènes semblent déclencher un processus dont l'aboutissement est fatal. En fait, cette conclusion est beaucoup trop hâtive.

Nous avons déjà évoqué un cas où cette fatalité est très relative ; pour la *phénylcétonurie,* la présence en double dose des gènes responsables entraînait fatalement, il y a trente ans, le développement de la maladie ; maintenant qu'on sait l'éviter par un régime approprié, cette maladie disparaît. Certes les gènes sont toujours présents et provoquent les mêmes mécanismes biologiques qu'autrefois, mais le changement apporté au « milieu » rend ces mécanismes inoffensifs. Ce qui était *fatal* était non pas la maladie elle-même, mais des réactions particulières de l'organisme qui, dans les conditions ordinaires, provoquent la maladie, mais qui n'ont pas de conséquences nocives, si certaines précautions alimentaires sont respectées.

La *phénylcétonurie* pouvait être qualifiée autrefois de maladie à « 100 % génétique », puisque le fait d'en être atteint ne dépendait que des gènes reçus ; elle est maintenant à « 100 % environnementale », puisque son apparition dépend de la qualité des soins.

L'erreur consiste ici à rechercher « la » cause d'un phénomène alors que nous sommes en présence d'un mécanisme correspondant à un enchevêtrement complexe de causes. Or cette recherche d'une cause unique, première étape de notre compréhension, est devenue un réflexe, donc un piège.

Je tourne le commutateur, la lampe s'allume ; je suis fondé à affirmer que mon geste est la « cause » de ce changement. Mais bien souvent les phénomènes étudiés participent à un mécanisme si complexe que nous renonçons à le décrire en totalité ; nous nous contentons de remarquer la variation entraînée pour telle caractéristique par la modification de tel facteur ; le lien ainsi observé est le résultat d'un enchevêtrement de déterminismes, mais il n'a pas lui-même la rigueur d'un lien causal et peut prendre des allures paradoxales. Ma voiture étant à l'arrêt, je dois embrayer pour commencer à avancer ; un peu plus tard mon moteur peine et va « caler », je dois débrayer pour continuer à avancer ; la réponse à la question : « le mouvement en avant est-il en relation causale avec le fait d'embrayer, ou avec celui de débrayer ? », dépend évidemment des circonstances ; les deux caractéristiques que j'ai arbitrairement isolées, position de l'embrayage et avancement de la voiture, sont certes liées par des mécanismes parfaitement rigoureux ; mais ceux-ci sont si complexes que le même geste sur l'embrayage peut avoir des effets opposés sur le mouvement de la voiture.

Dès qu'un mécanisme est un peu complexe, la notion de « conséquence » perd sa clarté, ou même son sens : la chute de la pierre est la conséquence du fait que je la lâche ; mais il est abusif de présenter l'accélération de la voiture comme la conséquence de l'acte d'embrayer ; cet acte n'est qu'un des nombreux facteurs dont l'interaction entraîne le mouvement.

Un événement est en général la résultante d'un grand nombre de circonstances en interaction, sans qu'aucune soit suffisante, c'est-à-dire puisse à elle seule entraîner l'événement indépendamment des autres ; il est la « conséquence » de l'ensemble, et non de tel ou tel facteur arbitrairement isolé.

Mais notre esprit est peu habitué à prendre en compte les interactions ; pour notre confort intellectuel, nous sommes friands de « causes », et surtout de causes agissant isolément, dans une totale indépendance des autres facteurs en jeu.

Une telle attitude est en contradiction avec la complexité du réel, elle est parfaitement opposée à l'objectif de la science : améliorer notre lucidité. Elle est cependant étrangement répandue lorsque l'objet étudié est un autre homme ou nous-même : tel trait est manifesté par monsieur X, quelle en est la cause ?

Autrefois on se contentait souvent d'invoquer la volonté de Dieu, ce qui permettait d'éliminer tout problème de responsabilité de la société ou des individus, et de faire l'économie de la recherche d'une explication. Aujourd'hui, certains invoquent volontiers l'influence des gènes, ce qui a les mêmes conséquences. Pour montrer combien les raisonnements en ce domaine peuvent être spécieux, même et surtout lorsqu'ils se parent d'un vernis « scientifique », évoquons un trait dont le déterminisme génétique a été évoqué parfois : la prédisposition à se trouver en chômage.

Chômage, couleur et gènes.

Imaginons un Martien, très au courant des diverses techniques de la génétique des populations, mais incapable de distinguer une peau noire d'une peau blanche. Débarquant en Afrique du Sud, il décide d'étudier un caractère qui lui paraît très important pour le sort des individus, le fait d'être chômeur. Une première observation lui montre une très nette liaison entre les générations successives d'une même famille : dans certaines généalogies les individus sont tous indemnes, dans d'autres ils sont presque systématiquement touchés par le chômage ; il en conclut que, très probablement, ce trait est gouverné par le patrimoine génétique. Il étend et précise ses observations, imagine des modèles génétiques et s'efforce de dégager le « meilleur » modèle. Il y a gros à parier qu'il en conclura que le caractère « chômeur » est déterminé par trois ou quatre paires de gènes où l'on trouve soit le gène « normal » n, soit le gène « chômage » c. Plus les individus ont reçu de gènes c, plus ils ont de chances d'être au chômage.

Le chômage serait-il un caractère « génétique » dans l'espèce humaine ?

En fait, ses recherches auront fait découvrir à notre Martien les gènes c qui donnent aux individus une peau plus ou moins foncée, selon leur nombre dans la dotation génétique (on sait que les individus dépourvus du gène c sont blancs et que la couleur noire est d'autant plus marquée que ces gènes sont plus nombreux). Or la couleur, dans la société étudiée, est fortement corrélée avec le risque de chômage ; les conclusions de notre Martien sont donc parfaitement exactes ; elles permettent une prédiction correcte, elles sont efficaces. Mais elles ne donnent aucune indication sur le mécanisme en œuvre. Il suffit de changer les règles sociales pour que le lien observé disparaisse totalement.

*

L'erreur logique consiste ici, une fois de plus, à étudier un phénomène qui résulte d'interactions complexes, en isolant artificiellement et arbitrairement un des facteurs. Notre esprit est mal entraîné à penser en termes d'interactions et s'efforce de remplacer la réalité par des modèles où les diverses causes agissent indépendamment. Toutes les questions concernant « l'inné et l'acquis » sont typiques de cette démarche ; elles ne méritent aucune réponse puisqu'elles nient la réalité qu'elles prétendent étudier.

Malheureusement, le caractère absurde de ces démarches est souvent occulté par l'utilisation de mots savants ou par le recours à des formulations mathématiques complexes. Face à une pseudo-science, qui n'est que cuistrerie, l'on risque de se laisser berner par des raisonnements dont l'ineptie sauterait aux yeux s'ils étaient formulés en termes ordinaires.

CHAPITRE III

Les gens de ma race et les autres

*Où l'on apprend à se méfier des apparences, où l'on constate que notre voisin peut être à une plus grande « distance » que l'indigène des antipodes, mais où, surtout, l'on insiste sur cette évidence logique : le contraire d'*égal *n'est pas* inégal, *le contraire d'*égal *est* différent.

«L'existence des races humaines est une réalité, la nier serait un défi au bon sens ; soyons sérieux, et reconnaissons que face à un Suédois et à un Sénégalais, nous ne risquons guère de faire une erreur de classification. D'ailleurs tous ces gens-là ne sont pas comme nous…» Face à ces affirmations qui ont pour elles la force de l'évidence, le rôle de la science est de poser le problème avec clarté. Il s'agit de classer les quelque 6 milliards d'hommes actuellement présents sur la Terre, de définir des groupes relativement homogènes et distincts les uns des autres, les « races», de tracer les limites entre elles et d'expliquer les écarts observés par l'histoire des populations. Pourquoi refuser cette recherche ?

Il se trouve que, dans ce domaine comme dans bien d'autres, les évidences sont trompeuses. Être scientifique, c'est regarder la réalité, certes, mais pas seulement avec ses yeux, le cerveau aussi doit être de la partie.

Cette affirmation risque de choquer : celui qui déclare ne « croire que ses yeux » ne semble-t-il pas avoir le bon sens pour lui ? Et pourtant, bien des découvertes scientifiques ont été faites par ceux qui osaient, au risque de passer pour fous, remettre en cause des évidences admises unanimement.

Le cas le plus classique est l'explication du mouvement du soleil.

Tous les animaux ont sans doute remarqué que chaque jour le soleil se lève et se couche. Dans leur langage formulé par des danses, les abeilles échangent des informations où il est question du soleil. L'homme aussi parle du soleil, et de son lever et de son coucher ; mais il a maintenant compris que ce n'est là qu'apparence. Contrairement à ce que lui disent ses sens, il sait que le soleil ne bouge pas ; au contraire, la Terre tourne sur elle-même (ce qui explique la succession des jours et des nuits) et autour du soleil (ce qui explique la succession des saisons).

La démarche de Mendel découvrant le mécanisme de la transmission biologique est de même nature : derrière l'unité apparente des caractères manifestés par l'individu (couleur d'un pois ou groupe sanguin d'un homme), il imagine la duplicité des facteurs, les gènes, qui gouvernent ces caractères.

Mais revenons aux races humaines. Il s'agit de répartir les membres de notre espèce en groupes : un Martien envoyé sur la Terre pour y définir des races n'hésiterait pas : se fondant sur les différences les plus évidentes, il en trouverait deux : les hommes et les femmes. Il devrait assez vite constater qu'il fait erreur, car chacune de ces « races » isolée est incapable de se reproduire ; il comprendrait alors que les seuls caractères utilisables pour définir les races sont les caractères transmissibles (or, le sexe, bien que rigoureusement déterminé par les gènes, n'est pas héritable). Recherchons donc de tels caractères et réalisons un classement des populations humaines, mais auparavant interrogeons-nous sur cette activité si fréquente que nous la réalisons par routine, sans y réfléchir : classer un ensemble d'objets.

Classer ... et trahir.

Nous ne pouvons guère penser qu'en exprimant nos sensations ou nos idées (aux autres ou à nous-même) au moyen d'un langage ; or tout langage nécessite une classification. Mars est une planète, à condition de définir préalablement la catégorie « planète » et d'y affecter cet objet unique qu'est le point lumineux visible dans le ciel et appelé Mars. Pour m'exprimer je suis ainsi amené à remplacer les noms propres par des noms communs, à « classer ».

Cette activité intellectuelle, classer, est si ordinaire, si nécessaire au déroulement de notre pensée, que nous la développons sans y prendre garde, et risquons de nous bercer d'illusions sur la signification du résultat obtenu. Plus précisément, nous risquons de nous imaginer que les limites, que nous aurons décelées entre les diverses classes, sont des données objectives, présentes dans la nature alors qu'elles sont le produit totalement artificiel de notre argumentation. Ainsi, l'un des premiers soins des observateurs du ciel a été de classer les étoiles qu'ils y voyaient. Ils l'ont fait « naturellement », en fonction de la caratéristique évidente qui permet de les distinguer : leur plus ou moins grand éclat. On a ainsi créé des catégories en fonction de la « magnitude » ; à chaque étoile était attribuée une étiquette allant d'« étoile de 1re grandeur » (les plus brillantes) à « étoile de 21e grandeur » (à peine perceptibles). On risque, par ces termes, de diffuser l'idée que la magnitude est une propriété intrinsèque de l'étoile, alors qu'elle ne caractérise pas l'objet en lui-même, mais la vision que nous en avons ; elle correspond, en fait, à la résultante de deux facteurs : la brillance propre de l'étoile et son éloignement. De tout autres classements des astres sont maintenant utilisés, qui tiennent compte de facteurs bien différents, où l'apparence ne joue qu'un rôle très secondaire.

L'arbitraire du choix des critères qui nous permettent de tracer des frontières entre les objets est évident ; mais un autre arbitraire, plus sournois, doit être souligné : celui du choix d'une méthode de classification.

Deux attitudes peuvent être adoptées pour créer des catégories à l'intérieur d'un ensemble, l'une correspond à un cheminement « descendant », l'autre à un cheminement « ascendant ».

Le premier est sans doute celui que nous utilisons le plus spontanément, ainsi lorsqu'il s'agit de classer les populations humaines, c'est-à-dire de définir des « races ». Nous commençons par distinguer de grands groupes en fonction du critère le plus apparent, par exemple la couleur de la peau, ce qui donne les races classiques, noire, jaune, blanche. Mais l'extrême hétérogénéité constatée à l'intérieur de chacune amène à poursuivre la classification, par exemple en fonction de la forme du crâne, permettant d'opposer les « brachycéphales » à crâne court aux « dolichocéphales » à crâne long. Ce cheminement peut se poursuivre jusqu'à épuisement des critères retenus, ou jusqu'à ce que chaque classe ne contienne plus qu'un objet. Il fournit des catégories qui sont à chaque stade homogènes pour tous les critères utilisés en amont. Le résultat, souvent représenté sous forme d'un arbre, dépend non seulement des caractéristiques prises en considération, mais de l'ordre dans lequel elles interviennent. Supposons que nous ayons à classer des populations eskimo, nilotiques (populations du Soudan, noires et de haute taille) et pygmées ; si nous prenons comme premier critère la couleur et comme second la taille, nous obtenons :

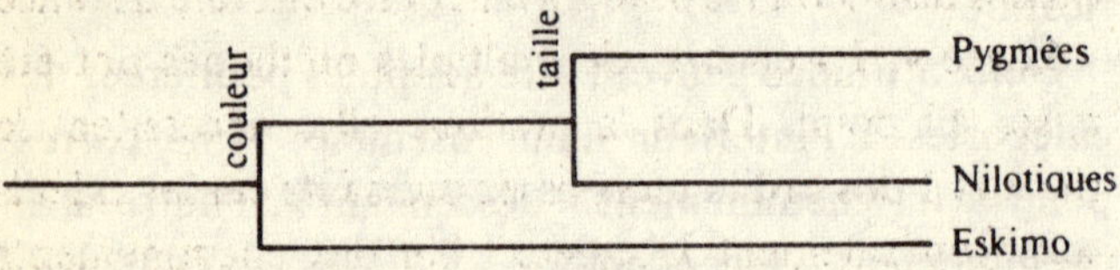

et si nous adoptons l'ordre inverse :

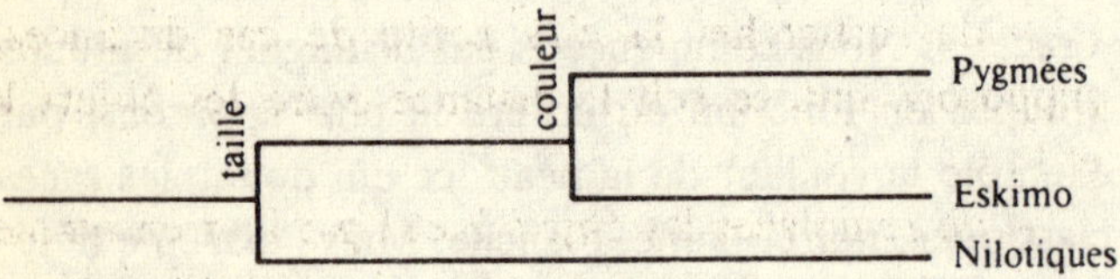

Pour éviter de telles discordances, il est tentant de prendre en compte toutes les caractéristiques simultanément et d'opérer une classification « ascendante ». Pour la réaliser, il convient tout d'abord de synthétiser les ressemblances et les dissemblances entre les objets au moyen d'une distance, nombre qui résume l'ensemble des écarts entre les caractéristiques des deux objets. Les mathématiciens, d'imagination toujours fertile, ont inventé de multiples « distances » ; la plus célèbre est celle d'Euclide, obtenue en appliquant le non moins célèbre théorème de Pythagore ; mais bien d'autres sont disponibles.

Une fois choisie une distance, plus ou moins arbitrairement, en fonction de la nature des données à traiter, il s'agit de regrouper en une même classe les objets ayant entre eux une distance « faible », dans deux classes distinctes les objets ayant entre eux une distance « élevée ». Là encore, de multiples méthodes ont été mises au point. Dans la pratique elles nécessitent le recours à des ordinateurs assez puissants car les calculs sont généralement laborieux. Un des cheminements possibles, lorsque n objets doivent être classés est :

— de calculer les n(n-1)/2 distances entre toutes les paires d'objets que l'on peut constituer ;

— de rechercher la plus petite de ces distances, supposons que ce soit la distance entre les objets k et l ;

— de remplacer les objets k et l par leur ensemble qui constitue un nouvel objet k′ qui se substitue à k et à l ;

— de recommencer la procédure pour le nouvel ensemble de n-1 objets ;

— et de continuer ainsi jusqu'à ce qu'il ne reste plus qu'un seul objet.

On obtient de cette façon un arbre tel que celui représenté ; si l'on désire un regroupement de l'ensemble en trois classes, il suffit de couper cet arbre à la hauteur voulue ; mais ce nombre de classes est évidemment arbitraire.

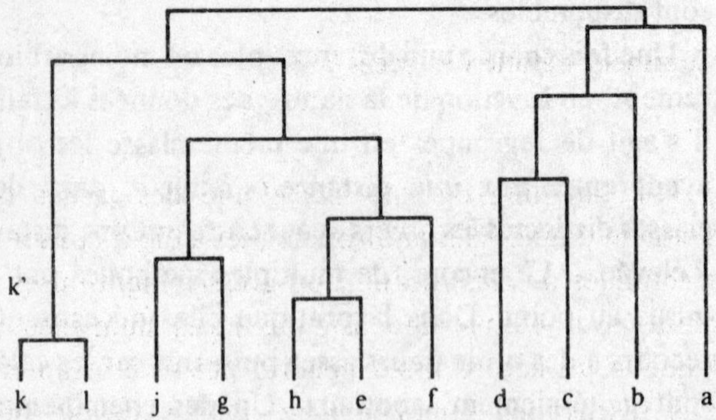

Finalement, le pire danger de toutes ces méthodes est peut-être, paradoxalement, leur efficacité. Une fois les données introduites dans la machine, il serait bien étonnant qu'une classification ne puisse être obtenue. Le risque est de lui attribuer une signification d'autant plus grande que les calculs auront été plus nombreux, et les programmes de calculs plus mystérieux. Nous risquons de définir des groupes, de tracer des limites qui résultent uniquement de la manipulation arbitraire que nous avons opérée sur les données, et non de la nature des choses.

Georges Bidault disait des frontières entre les pays qu'elles sont « les cicatrices de l'Histoire ». Méfions-nous de ne pas créer articiellement entre les objets que nous étudions des frontières qui ne seraient que les cicatrices résultant de cette maladie si répandue : le besoin excessif de classer.

Comment définir des races ?

Tout au long du XIXe siècle une des tâches que s'étaient données les anthropologues a été d'utiliser les techniques de classification progressivement mises au point pour établir une liste de races humaines sur laquelle un accord assez général puisse être obtenu. Les discussions semblaient ne jamais devoir finir, lorsque, au début du XXe siècle, la nouvelle discipline scientifique qu'était la génétique a remis en cause tous les travaux antérieurs et apporté l'espoir d'enfin aboutir.

On comprenait en effet que les caractères ne sont pas, en eux-mêmes, transmissibles ; seuls sont transmissibles les gènes qui gouvernent les caractères, ce qui, nous l'avons vu, change (ou devrait changer) tous nos raisonnements.

L'erreur avait été de chercher une classification tenant compte des traits apparents. Il fallait au contraire se baser sur les gènes composant le patrimoine biologique des populations ; pour être réaliste, il fallait aussi considérer le plus grand nombre possible de gènes et non les quelques paires qui gouvernent ces caractères apparents.

Le problème se trouvait posé en termes totalement nouveaux. Mais, pour avancer, il fallait tout d'abord accumuler des données, c'est-à-dire déterminer, pour de nombreux gènes, la composition du patrimoine biologique des populations. Il s'agit d'une tâche très lourde, jamais finie ; mais, depuis quelques années, la documentation peu à peu réunie permet de dégager des conclusions : elle ne sont pas celles que l'on attendait.

A la recherche de gènes « marqueurs ».

Des populations définies et limitées pourrait être caractérisées, du point de vue génétique, si tous les individus qui les composent possédaient un certain gène que l'on ne trouverait dans aucune autre population ; ce serait un gène « marqueur ». Mais de tels gènes n'existent pas : on ne connaît pas de gènes permettant à eux seuls d'étiqueter un homme et de l'affecter sans ambiguïté à telle population. Il n'y pas de gènes bretons ou de gènes tahitiens.

Il existe cependant des traits, au déterminisme strictement génétique, qui permettent de scinder l'humanité en quelques grands groupes. Le plus connu de ces traits est la couleur de la peau. L'aspect foncé est dû à un pigment, la mélanine: présent chez presque tous les hommes (seuls font exception les albinos), il n'est fabriqué qu'à faible dose par les Jaunes et les Blancs ; la synthèse de ce pigment semble être sous la dépendance de 3 ou 4 paires de gènes ; ceux-ci sont différents selon les populations. Se basant sur leur répartition, on pourrait répartir les hommes en deux grands groupes: d'une part les «noirs», d'autre part l'ensemble des «blancs» et des «jaunes».

Un autre caractère génétique permet de scinder également l'humanité en deux grands groupes : la persistance de la lactase.

Chez la plupart des mammifères, le lait contient du lactose, dont la digestion nécessite l'intervention d'une enzyme, la lactase. Durant la période d'allaitement, l'activité de cette lactase est intense, après quoi elle tombe à un niveau très bas, ce qui entraîne, pour les sujets adultes, une intolérance au lactose. Dans certaines populations humaines, au contraire, l'activité de la lactase persiste à un niveau élevé (75 % du niveau des nouveau-nés) durant toute la vie ; aucune intolérance au lactose n'apparaît. Ce caractère, lié semble-t-il à une paire de gènes, est très répandu dans les populations du nord de l'Europe, un peu moins dans la région méditerranéenne, mais il est très rare en Asie et en Afrique. Cette fois, le classement des hommes en deux groupes en fonction de la fréquence des gènes impliqués oppose, d'une part, les Européens, d'autre part, les hommes des autres continents.

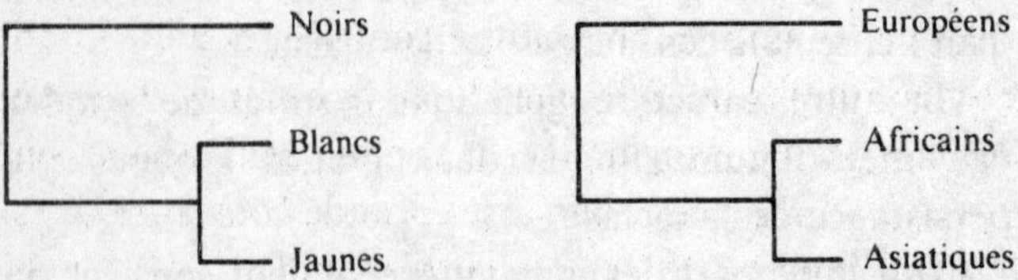

Classement des hommes selon...

la couleur de la peau — la persistance de la lactase

Lequel de ces classements est le plus réaliste ? Cette question n'a pas de réponse. Pour aboutir il nous faut tenter une tout autre démarche et utiliser une méthode de classification ascendante.

A la recherche d'écarts entre les fréquences des gènes.

Nous comparons cette fois les populations non plus en recherchant des gènes présents chez l'une et absents chez l'autre, mais en comparant les fréquences de gènes présents chez l'une et chez l'autre. On constate que ces fréquences sont très variables. Ainsi, pour le système sanguin ABO que nous avons déjà évoqué, le gène b est particulièrement présent au centre de l'Asie, sa fréquence y atteint 30 % ; cette fréquence diminue à mesure que l'on s'éloigne vers l'ouest : de 15 à 20 % en Russie, 10 à 15 % en Europe centrale, 5 à 10 % en France, moins de 5 % dans le Pays basque. Pour un autre système sanguin bien connu, le Rhésus, on observe au contraire, une assez grande constance dans toute l'Europe ; le gène r correspondant au groupe « Rhésus moins » y a une fréquence partout voisine de 40 %, à part une pointe de 55-60 % au Pays basque ; cette fréquence diminue en allant vers le sud, elle n'est que de l'ordre de 35 % en Algérie, 20 % au Congo.

Connaissant toutes ces fréquences, il est possible de calculer, au prix de l'arbitraire que nous avons dit, la distance génétique entre toutes les populations prises deux à deux. La définition des « races » peut alors être obtenue au moyen d'un raisonnement simple : appartiennent à une même race deux populations ayant une petite distance entre elles, à deux races différentes les populations ayant une grande distance.

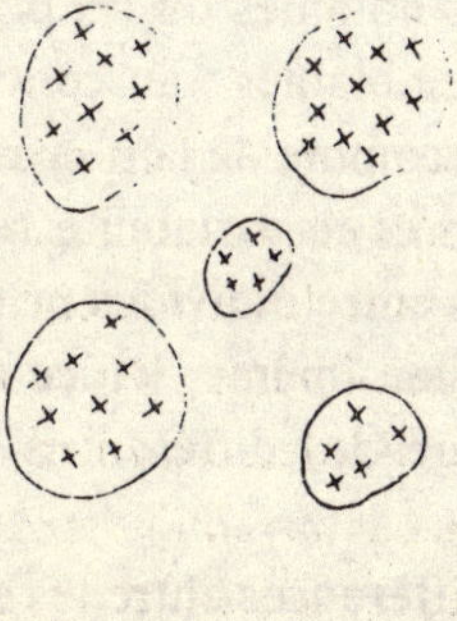

Il se trouve que, pour l'espèce humaine, ce cheminement ne peut aboutir. C'est là un résultat d'observation, non une affirmation idéologique.

Pour comprendre la difficulté à laquelle on se heurte faisons un dessin. Au lieu de populations définies par les gènes qu'elles possèdent, considérons des points définis par leurs positions sur la feuille. Si les points sont disposés comme sur le premier dessin, où ils forment des « grumeaux » séparés par de grands vides, je peux les regrouper et tracer un trait fixant les limites de chaque groupe.

Mais s'ils sont disposés comme sur le second dessin où ils figurent une espèce de brouillard sans structure, il m'est impossible de tracer de telles limites : aucun regroupement ne s'impose.

Les distances génétiques entre les populations humaines sont telles que l'image que l'on peut en donner correspond au second cas, non au premier. Tout essai de classification ne peut donc être qu'arbitraire.

Cela ne signifie pas que les hommes ou les populations soient génétiquement semblables ; au contraire, la variabilité de notre espèce (comme de la plupart des autres) est considérable. Mais cette variabilité résulte beaucoup plus des différences entre individus ou entre populations appartenant à une même « race » (au sens classique de ce mot) que des différences entre « races ».

Il ne s'agit pas de nier les différences entre les divers

groupes humains : un Noir africain sait faire la synthèse de la mélanine, beaucoup mieux qu'un Européen ; un Européen adulte conserve l'activité de la lactase, alors qu'elle disparaît chez beaucoup d'Asiatiques, etc. Mais l'ensemble des ressemblances et des dissemblances est si complexe que le tableau se brouille dès qu'on s'efforce à une vision prenant en considération l'ensemble des données disponibles.

La réponse du généticien interrogé sur le contenu du mot « race » est donc nette : ce concept ne correspond, dans l'espèce humaine, à aucune réalité définissable de façon objective.

Certes, les générations successives ne se transmettent pas seulement des gènes, elles se transmettent également une culture. Le contenu de cette culture peut être décrit, comparé d'un groupe à l'autre, servir de base à un calcul de distance, à l'établissement d'arbres de classement. L'ethnologue, le linguiste, l'historien peuvent ainsi aboutir à des classifications de l'ensemble des hommes en groupes plus ou moins homogènes et distincts les uns des autres. Mais le résultat dépendra dans chaque cas des caractéristiques choisies.

Une convergence entre les divers classements ne pourrait apparaître que si la différenciation des hommes était le résultat d'une série de séparations successives. Alors, les diverses caractéristiques des individus ou des groupes auraient divergé selon des évolutions similaires ; les distances entre deux groupes auraient été d'autant plus grandes que leur séparation aurait été plus ancienne, et ceci serait vrai pour toutes les caractéristiques étudiées ; les arbres que nous fournissent les techniques de classification seraient alors des approximations, peu à peu convergentes, de l'arbre représentant l'histoire de l'humanité. Or cet arbre n'existe pas, l'histoire des hommes peut être représentée par un réseau, elle ne peut l'être par une série de ramifications.

Il n'est pas nécessairement absurde ou malfaisant de rechercher une classification des hommes ; pour un objectif précis, limité, ce travail peut avoir un sens. Retenons que le résultat est arbitraire. Évitons surtout de désigner par le mot « race » les groupes ainsi définis, car ce mot a été employé trop souvent dans des raisonnements où il ne s'agissait pas seulement de classer, mais d'affirmer une hiérarchie.

Comment hiérarchiser ?

Deux objets sont « différents » lorsque les caractéristiques que nous pouvons définir à leur propos sont mesurées par des nombres inégaux. Le recours à des nombres pour comparer des objets, que ceux-ci soient des individus ou des groupes, tend un piège à notre pensée, car les nombres jouissent d'une propriété à laquelle notre esprit a été habitué dès le début de notre apprentissage : ils fondent une hiérarchie.

Nombres et hiérarchie.

La collection des nombres « naturels » comporte un ordre, celui correspondant à la question « plus grand ou plus petit ? ». Lorsque deux nombres sont non égaux, l'un est nécessairement supérieur à l'autre ; pour les nombres, la non-égalité implique la hiérarchie.

Mais cette propriété des nombres ne s'étend pas aux ensembles de nombres : l'ensemble $A = \{8, 2\}$ n'est ni supérieur ni inférieur à l'ensemble $B = \{2, 3, 10\}$, il en est simplement différent. Si nous voulons établir un ordre entre ces deux ensembles, il nous faut faire correspondre, au moyen d'une opération quelconque, un nombre unique à chacun ; par exemple, on peut compter le nombre d'éléments de chaque ensemble, son « cardinal », ici on obtient card A < card B ; ou bien calculer la moyenne des nombres composant chaque ensemble, ici on obtient : moyenne A = moyenne B ; ou encore calculer le quotient du premier élément par le dernier, on obtient Quot A > Quot B. Chaque fois l'on obtient un résultat ayant un sens ; mais la question « A est-il supérieur, égal ou inférieur à B ? » n'a, elle, aucun sens.

Une fois de plus, déjouons un piège tendu par les mots : il nous semble naturel d'admettre que le contraire d'*égal* est *inégal*, avec la connotation de supériorité-infériorité comprise dans ce dernier terme. Mais ceci n'est vrai que pour les nombres. Le plus souvent, le contraire d'*égal* est *différent*, sans que l'on puisse, en bonne logique, en conclure à une quelconque hiérarchie.

Si les objets que nous comparons sont des hommes ou des groupes d'hommes, un rapport de supériorité-infériorité ne peut être défini qui si nous caractérisons chaque homme ou chaque groupe par un nombre unique. Si nous admettons que, par exemple, nous définissons chaque individu par son quotient intellectuel, et par ce nombre seulement, la constatation QI (A) > QI (B) peut être traduite par « A est supérieur à B », mais une telle expression est extrêmement dangereuse, car elle indique un rapport de supériorité entre les objets, alors que ce rapport n'existe qu'entre les nombres que nous avons arbitrairement associés à ces objets.

Nous avons acquis, trop tôt sans doute, des réflexes à propos des nombres ; nous savons que, lorsque deux nombres ne sont pas égaux, l'un est supérieur, l'autre inférieur. Mais lorsque deux ensembles ne sont pas égaux, ils sont simplement différents.

Il ne s'agit pas là d'un plaidoyer motivé par des considérations moralistes, mais d'une nécessité logique. Ne pas en tenir compte est commettre un contresens contre lequel malheureusement notre enseignement nous prémunit mal.

L'exemple le plus flagrant d'un tel contresens est sans doute lié à l'évidence de la différence entre les hommes. Le sottisier des affirmations écrites à ce sujet est illimité.

Quelques exemples de hiérarchisations spontanées.

L'expérience prouve que la classification de l'humanité en groupes plus ou moins distincts s'accompagne le plus souvent d'un jugement de valeur séparant les bons des mauvais. Nous reproduisons ici (encadré n° 4) un

ENCADRÉ N° 4

JOURNAL DES SÇAVANS
DU LUNDI 24 AVRIL 1684

Nouvelle division de la terre, par les différentes espèces ou races d'hommes qui l'habitent, envoyée par un fameux voyageur à Monsieur...

Les Géographes n'ont divisé jusqu'ici la terre que par les différents pays ou Régions qui s'y trouvent. Ce que j'ai remarqué dans les hommes en tous mes longs et fréquents voyages m'a donné la pensée de la diviser autrement (...) j'ai remarqué qu'il y a surtout quatre ou cinq espèces ou Races d'hommes dont la différence est si notable, qu'elle peut servir de juste fondement à une nouvelle division de la Terre.

Je comprends sous la première espèce la France,

l'Espagne, l'Angleterre, le Danemark, la Suède, l'Allemagne, la Pologne, et plus généralement toute l'Europe, à la réserve d'une partie de la Moscovie. On y peut encore ajouter une partie de l'Afrique (...) de même qu'une bonne partie de l'Asie (...) Car quoique les Égyptiens, par exemple, et les Indiens soient fort noirs, ou plutôt basanés, cette couleur ne leur est pourtant qu'accidentelle, et ne vient qu'à cause qu'ils s'exposent au soleil (...)

Sous la 2. Espèce je mets toute l'Afrique, excepté les côtes dont nous venons de parler. Ce qui donne lieu de faire une espèce différente des Africains, ce sont 1. Leurs grosses lèvres et leur nez écaché (...) 2. La noirceur qui leur est essentielle, et dont la cause n'est pas l'ardeur du soleil, comme on le pense : puisque si on transporte un Noir ou une Noire d'Afrique en un pays froid, leurs enfants [restent noirs]. Il en faut donc chercher la cause dans la contexture particulière de leurs corps, ou dans la semence, ou dans le sang, qui sont néanmoins de la même couleur que partout ailleurs. 3. Leur peau qui est comme huileuse, lisse ou polie. 4. Leurs trois ou quatre poils de barbe. 5. Leurs cheveux qui ne sont pas proprement des cheveux, mais plutôt une espèce de laine qui approche du poil de quelques-uns de nos Barbets (...)

La 3. Espèce comprend [la Chine, le Japon, le Siam, la Malaisie] une petite partie de la Moscovie (...) Les habitants de tous ces pays-là sont véritablement blancs : mais il ont de larges épaules, le visage plat, un nez écaché, de petits yeux de porc, longs et enfoncés, et trois poils de barbe.

Les Lapons composent la 4. espèce. Ce sont des petits courtauds (...) ce sont de vilains animaux.

Pour ce qui est des Américains, ils sont à la vérité la plupart olivâtres, et ont le visage tourné d'une autre manière que nous. Néanmoins, je n'y trouve point une assez grande différence pour en faire une espèce particulière et différente de la nôtre...

extrait du *Journal des Scavans* de 1684, que Léon Poliakov a joint à l'un des rapports de l'équipe « Histoire du racisme » qu'il anime au CNRS.

Il est remarquable de constater que le « fameux voyageur », auteur de cette description de l'humanité, prend ses points de comparaison, lorsqu'il s'agit d'hommes non européens, chez les animaux : « poils de barbets » des Noirs, « yeux de porc » des Jaunes.

Un siècle et demi plus tard un géographe, Crozat, décrit dans sa *Géographie universelle* les diverses régions de la Terre, et leurs habitants : « Les Chinois ont le front large, le visage carré, le nez court, de grandes oreilles et les cheveux noirs ; ils sont naturellement doux et patients, mais égoïstes et orgueilleux... Les Nègres sont en général bien faits et robustes, mais paresseux, fourbes, ivrognes, gourmands et malpropres... Les habitants de l'Amérique sont agiles et légers à la course ; la plupart sont paresseux et indolents, quelques-uns sont fort cruels... »

Dans l'esprit de l'auteur, tous les « caractères » qu'il décrit correspondent à la nature des diverses races ; ils permettent donc non seulement de les classer, mais de les juger, en toute bonne conscience.

Cette bonne conscience apparaît dans toute son innocence dans un texte plus récent écrit, non plus par un scientifique, mais par un homme de lettres très représentatif du Français cultivé, éclairé, de la fin du siècle dernier, Francisque Sarcey. Commentant un ouvrage d'A. Bertillon, *les Races sauvages,* il écrit en 1882 : « Ces affreux bipèdes, à face simiesque, gambadants et voraces, gloussant des cris inarticulés, sont nos frères, ... ou les frères de ceux qui furent nos ancêtres préhistoriques !... Quelques races mieux douées se dégagèrent de cette animalité barbare, se cultivèrent, s'affinèrent, formèrent l'homme civilisé, plus éloigné d'un pauvre Australien que cet Australien n'est éloigné d'un gorille. D'autres ne se sont pas développés, toujours aussi dénués de sens moral et de raison... Toutes ces tribus sauvages vont disparaître, exterminées par des peuples supérieurs ou s'éteignant d'elles-mêmes... Ce ne sera pas dommage. »

Cette longue citation est d'autant plus caractéristique qu'elle ne provient pas d'un texte ouvertement raciste, d'un ouvrage de propagande plus ou moins nazi ; il s'agit de réflexions très ordinaires d'un être fort civilisé qui a laissé le souvenir d'un homme débonnaire et libéral. Malgré toute son humanité, cet excellent Francisque Sarcey n'est guère troublé, il est même satisfait, par la pensée de l'extermination des « sauvages ».

Ces appréciations de voyageurs, de géographes ou de critiques littéraires sont présentées comme des constatations d'évidences ; elles ne font que traduire le résultat d'observations ; leur pouvoir de persuasion est par conséquent faible à l'égard de personnes qui auraient fait des observations différentes et pourraient témoigner, par exemple, que les « nègres » ne sont pas nécessairement tous « robustes » ni « paresseux ». Mais les affirmations racistes prennent parfois, surtout au XXe siècle, une allure plus convaincante car elles se présentent comme le résultat d'un raisonnement.

Raisonnement « scientifique » et hiérarchisation.

En 1934, un certain docteur René Martial, chargé de cours à la Faculté de médecine de Paris, a publié un livre intitulé *la Race française*. Un passage de ce livre compare la structure génétique des populations françaises à celles d'autres populations européennes. La démarche de Martial illustre de façon particulièrement claire le cheminement de ceux qui prétendent justifier par un raisonnement scientifique leurs opinions racistes.

Il constate, comme nous l'avons fait, que le critère de classement le plus concret ne repose pas sur les caractéristiques apparentes des hommes, leurs phénotypes, mais sur leurs patrimoines biologiques transmissibles, leurs génotypes. Cependant, les informations disponibles au cours des années 1930 sur la fréquence des gènes dans les différentes populations étaient fort rares ; en pratique, seul le système sanguin ABO avait été étudié systématiquement. C'est en se référant à ce système, que R. Martial s'efforce de différencier les populations ; pour cela il utilise ce que certains auteurs appellent pompeusement, l'«indice biochimique du sang»; cet indice est défini à partir des fréquences, dans la population étudiée, des divers groupes sanguins : A, B, AB et O ; on pose :

$$I = \frac{f_A + f_{AB}}{f_B + f_{AB}}$$

Notre auteur déplore qu'en France on ne connaisse pas cet indice région par région, alors qu'en Allemagne il a été calculé pour chacun « des rectangles correspondant à une feuille d'état-major » ; il ajoute : « En France, on rit de ces questions raciales, en Allemagne on les étudie d'abord, et on n'en rira pas après. » (!)

Réunissant la plupart des données disponibles, il calcule l'indice biochimique de diverses populations et établit un palmarès dont voici un extrait :

Alsaciens	4,0	Juifs	1,6
Français	3,2	Russes	1,4
Allemands	3,1	Polonais	1,2
Hollandais	3,0	Nègres d'Amérique	0,9

De proche en proche, cet indice I, qui au départ est un nombre censé caractériser une structure, devient une mesure de valeur.

Étudiant le cas de ces pauvres Polonais dont l'indice est vraiment très bas, R. Martial les rassure en constatant que, dans les écoles de Varsovie, I atteint 1,5 et que « le métissage avec les Français devrait le relever. Les mariages franco-polonais donnent de très bons produits ; cependant... on voit parfois les petits-enfants retourner au slave. Il y a donc possibilité d'un déchet ».

Sur cette lancée, R. Martial s'interroge sur les moyens d'améliorer l'indice biochimique de la race française et propose un moyen évident : « retenir les O et les A, éliminer les B, ne garder les AB que si l'examen psychologique et sanitaire est favorable ».

Francisque Sarcey évoquait calmement l'« extermination » des sauvages, René Martial propose sereinement l'« élimination » des individus de groupe B. Et cette conclusion apparaît dans un livre scientifique sérieux, elle a toute la force que donne à une proposition l'appui d'un long raisonnement.

Il ne s'agit pas de rire face à tant de grotesque, ni de s'indigner face à tant d'inconscience et de cynisme. Ce qui importe est d'analyser ces démarches pour préciser le point où est commis le contresens. Dans le cas de Martial, l'erreur logique est évidente : elle consiste à transformer un nombre repère en une mesure de valeur.

Que l'indice biochimique des Russes ou des Polonais soit inférieur à celui des Français est parfaitement exact : le gène B est beaucoup plus fréquent dans l'Est de l'Europe que dans l'Ouest ; mais en conclure que l'indice des Français est « meilleur » n'a pas la moindre justification. La débauche de calculs et de mots techniques n'a finalement qu'un objectif (sans doute inconscient) : camoufler le fait que l'on admet *a priori* que le gène A est un gène « bon » et le gène B un gène « mauvais ».

Certes, un scientifique peut se tromper, mais il est important de prendre conscience des conséquences de ces erreurs. Dans le cas du Dr Martial, ces conséquences peuvent être imaginées grâce à un opuscule paru à Paris au début de l'occupation allemande, intitulé *la Grande Découverte. Les Juifs et le sang B ;* il s'appuie sur de nombreuses citations de l'ouvrage de Martial pour déclarer que « les groupes A et O ont un fond commun de droiture, de moralité et de courage », tandis que le sang B « est l'essence même de la canaillerie et de la malfaisance ». Introduit en Europe, selon l'auteur, par les Juifs, le sang B doit être éliminé, pour cela « les individus B devront être désignés par un signe distinctif et apparent ; au plus tôt ils seront parqués dans une île ».

Sans doute s'agit-il ici d'un cas limite dont il semble qu'il ne puisse plus se produire aujourd'hui. Est-ce si sûr ?

Le danger existe toujours, tant la pensée de notre culture est imprégnée de réflexes de hiérarchisation, réflexes qui prennent souvent leur source dans une interprétation abusive de la théorie dominante en matière d'évolution du vivant : le darwinisme.

CHAPITRE IV

Les êtres vivants : tous mes cousins

Où chacun s'aperçoit que sa famille s'étend à tous les êtres vivants, et où l'on apprend que les scientifiques n'arrivent pas encore à totalement expliquer comment ces êtres se sont différenciés.

Tous les êtres vivants qui pullulent sur la Terre sont apparentés. En remontant assez loin dans ma généalogie, je me découvre des ancêtres communs avec n'importe quel homme pris au hasard, mais aussi avec n'importe quel mammifère, n'importe quel poisson, n'importe quelle plante, n'importe quelle bactérie. Bien sûr, plus l'autre appartient à une espèce éloignée de l'espèce humaine, plus loin il faut remonter dans le passé pour trouver ces ancêtres communs : quelques millions d'années pour un grand singe, 60 ou 70 millions pour un lapin ou un cheval, 400 ou 500 millions pour un poisson, plus d'un milliard d'années pour un invertébré, 3 milliards pour une algue.

Cet apparentement de toutes les espèces a d'abord

été imaginé en raison des ressemblances évidentes entre les organes des diverses espèces. Il a peu à peu été confirmé par :

— la similitude des développements des embryons : au cours des premières phases de sa croissance, un embryon d'homme, par exemple, ressemble fort à celui d'un chat, d'une tortue ou d'un poisson. Il ébauche même des organes qui, s'ils se développaient, lui seraient inutiles, car ils ne correspondent pas aux conditions dans lesquelles se déroulera sa vie ; tel est le cas des fentes pharyngiennes nécessaires à la respiration branchiale des poissons, mais sans fonction chez l'homme : elles apparaissent au cours des premières semaines, puis régressent ;

— les ressemblances physiologiques : la structure des cellules est semblable dans toutes les espèces ; ces cellules réalisent le transfert et le stockage de l'énergie grâce aux mêmes substances. Les progrès de la biochimie ont montré que ces ressemblances se retrouvaient au niveau moléculaire : la structure du cytochrome C, qui intervient dans le processus de la respiration, est très stable d'une espèce à l'autre, qu'il s'agisse d'animaux ou de végétaux ;

— enfin et surtout l'unicité du code génétique : la correspondance entre les bases de l'ADN et les acides aminés est la même pour toutes les espèces chez qui cette correspondance a pu être établie : le langage des chromosomes est unique dans l'ensemble du monde vivant.

Non seulement l'apparentement de tous les êtres vivants est maintenant admis comme un fait, mais il est possible, en comparant les structures de nombreuses protéines (chaînes de l'hémoglobine, cytochrome C, etc.), de reconstituer l'arbre généalogique probable de l'ensemble des espèces. La partie de cet arbre qui aboutit à l'homme a l'allure du schéma ci-après.

Le chimpanzé est, de beaucoup, l'espèce la plus proche de la nôtre. Des travaux récents semblent indiquer que, depuis la séparation de ces deux espèces, l'évolution a été plus rapide pour le chimpanzé que pour l'homme ; autrement dit, notre ancêtre commun, indiqué par un A sur le schéma, était plus proche de l'homme actuel que du chimpanzé actuel. Cette remarque montre combien la fameuse expression

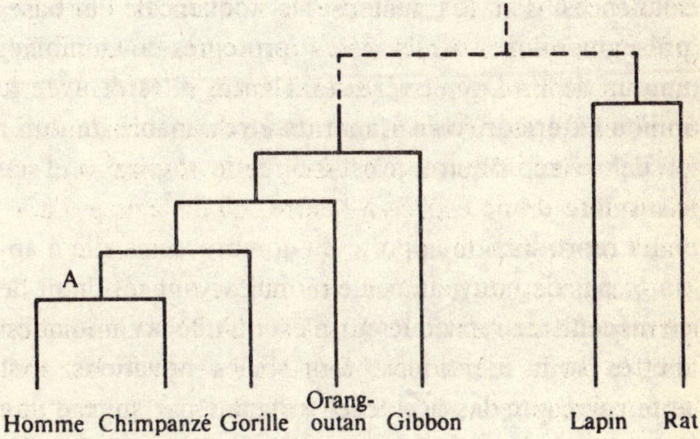

souvent mais faussement attribuée à Darwin, « l'homme descend du singe », est contraire à la réalité. En fait, les hommes et les singes actuels descendent d'un ancêtre commun, ce qui est tout différent.

Il y a plus de 3 milliards d'années (l'âge de notre planète était déjà supérieur à 1 milliard d'années) que les formes primitives de vie sont apparues dans les océans. Nous l'avons vu, ces formes primitives sont liées à la réalisation d'une structure chimique, l'ADN, douée de deux pouvoirs étranges :

— cette structure est capable de se reproduire, c'est-à-dire de fabriquer une structure identique, ce qui permet, de proche en proche, une multiplication sans limite de la structure initiale ;

— elle induit la fabrication d'autres ensembles chimiques, les protéines, qui reproduisent sous formes de séquences d'acides aminés les séquences de bases présentes sur l'ADN. Ces protéines rassemblées autour de l'ADN et réagissant entre elles et avec le milieu extérieur, constituent un être capable de durer et de se reproduire, c'est-à-dire de « vivre » et de « survivre ».

La reproduction apporte du nombre, mais elle n'apporte pas de nouveauté. Le monde vivant résultant de ce mécanisme reproducteur n'est qu'une accumulation d'êtres tous identiques. Les seules novations sont apportées par des accidents survenus par suite d'une erreur au cours du processus de duplication. Il suffit qu'un élément de l'ADN soit modifié pour que la structure de la protéine correspondante soit changée. Du coup, les fonctions assurées par cette protéine sont autres. Survenues par pur hasard, ces modifications sont le plus souvent catastrophiques ; l'être soumis à la mutation est incapable de durer, il disparaît, et entraîne avec lui la mutation génétique qu'il portait.

Dans d'autres cas, par chance, la protéine modifiée apporte un pouvoir nouveau ; elle permet de mieux résister à l'environnement, ou de se reproduire à un rythme plus élevé. De génération en génération, la structure mutée se multiplie et finit par éliminer la structure initiale. Une population peut ainsi se diversifier et se transformer.

Mais le rythme de ces transformations est désespérément lent. Des millions et des millions d'années sont nécessaires pour qu'une population se différencie de ses voisines et constitue à la longue une espèce nouvelle.

Tout a changé lors de l'apparition d'un mécanisme tout différent que nous désignons stupidement par les termes « reproduction sexuée » et qui n'est justement pas une reproduction : deux êtres s'associent pour en procréer un troisième. Le troisième n'est ni l'un ni l'autre des deux « parents », ni leur somme ni leur moyenne : il est un être nouveau, définitivement unique, exceptionnel.

Pour les espèces concernées, nous y avons déjà insisté au chapitre I, le mécanisme de la succession des générations qui pouvait, chez les êtres vivants initiaux, être représenté par la formule 1 → 2, devient 2 → 1, ce qui change tout.

Cet événement, beaucoup plus extraordinaire me semble-t-il que l'apparition de la vie, est survenu il y a environ 1,5 milliard d'années. Comment a-t-il pu se produire? Nous n'en savons rien, et en sommes réduits à des hypothèses, toutes insatisfaisantes. Toujours est-il que le rythme de l'évolution s'en est trouvé bouleversé. En effet, chaque être peut désormais cumuler les mutations survenues dans les deux lignées dont il est issu; en lui ces mutations agissent simultanément, elles sont en interaction; deux mutations qui, prises isolément, sont défavorables, peuvent, en s'associant, avoir un effet favorable, et se répandre au fil des générations.

Cette procréation à deux nécessite que chaque être possède une double collection d'informations génétiques, et implique l'intervention du hasard dans la transmission de parents à enfants. Ce sont là les éléments de base de toute théorie ayant l'ambition d'expliquer l'évolution du vivant.

Malheureusement, les théories de l'évolution se sont développées avant que la réalité de la transmission biologique ne soit connue. Elles sont encore largement acceptées alors même que leur base scientifique est remise en cause. Essayons de faire le point.

Fixisme.

Il y a quelques siècles, l'explication universellement acceptée, sans discussion, était le « fixisme » : chaque espèce reste identique à elle-même et conserve le type que lui a donné initialement le Créateur. Appuyée sur une interprétation littérale de la Bible, cette vision avait pour elle, admettons-le, la force de l'évidence. Un couple de lapins produit toujours des lapins, de chèvres produit toujours des chèvres,... et, depuis que nous les observons, ces animaux ne se sont pas modifiés. Dans une telle conception « fixiste », le rôle de la science est simplement d'établir le répertoire des nombreuses espèces présentes sur la Terre. Cette vision a le mérite de ne pas poser de problème : les choses sont ce qu'elles sont parce qu'elle ont été créées ainsi par Dieu. Point.

C'est au XVIIIe siècle que l'idée d'une filiation entre les espèces a commencé à être formulée. S'appuyant sur les ressemblances anatomiques (la similitude entre le squelette d'un chien et celui d'un phoque, par exemple, est frappante), des observateurs aussi divers que Montesquieu, Maupertuis ou Buffon ont suggéré cette idée. C'est à Lamarck que revient le mérite de l'avoir précisée et généralisée ; au début du XIXe siècle, il en a fait un système expliquant la diversité du monde vivant, le « transformisme ».

Lamarckisme.

L'élément essentiel de ce système était le mécanisme supposé entraîner les transformations successives qui aboutissent à la divergence de deux espèces. Le rôle de la science, en effet, n'est pas seulement de décrire, il est aussi d'expliquer ; l'observation nous renseigne sur la succession des événements, sur la « chronique » ; notre intelligence nous permet d'imaginer les divers mécanismes qui ont provoqué cette succession, mécanismes dont l'ensemble constitue le « processus » du phénomène.

Pour Lamarck, le processus de l'évolution était basé sur la transformation des organes de chaque individu en fonction de l'usage qu'il en fait et sur l'« hérédité des caractères acquis ». Pour survivre, chaque animal s'efforce de s'adapter à son milieu, il acquiert ainsi des caractéristiques nouvelles ; lorsqu'il procrée, ces caractéristiques sont transmises à ses descendants ; de génération en génération l'espèce se transforme, elle évolue en s'adaptant au mieux. L'exemple le plus fameux de ce processus concerne les girafes : pour se nourrir elles doivent tendre le cou vers le sommet des arbres ;

le cou, peu à peu, s'allonge ; la progéniture hérite, au moins en partie, de cet allongement.

De même, selon les observations personnelles de Lamarck, les oiseaux aquatiques, cherchant leur proie dans l'eau, « écartent leurs doigts pour se mouvoir à la surface ; la peau qui unit ces doigts à leur base s'étend … ainsi se sont formées avec le temps les larges membranes qui unissent les doigts des canards et des oies ». Pour reprendre une formule célèbre : la fonction crée l'organe.

Le point difficile dans cette explication est évidemment de préciser par quel mécanisme des transformations survenues dans le squelette ou les organes d'un animal, en raison de son comportement ou de son aventure, peuvent être transmises à ses descendants. Mais à l'époque le problème n'était même pas posé. Lamarck a simplement repris sur ce point une idée admise bien avant lui comme une évidence.

Darwinisme.

L'apport de Darwin, un demi-siècle plus tard, n'a éliminé qu'en partie cette difficulté. Dans son ouvrage célèbre, *l'Origine des espèces*, paru en 1859, il propose un tout autre mécanisme, celui de la «sélection naturelle ». Il part d'un constat souligné au début du

XIXe siècle par Malthus : dans toutes les populations les naissances sont beaucoup trop nombreuses pour les ressources disponibles. Seule une proportion, parfois très faible, des êtres procréés parvient à survivre, à atteindre l'âge adulte et à procréer à son tour. Ceux qui sortent vainqueurs de cette épreuve ont su l'emporter dans une *lutte pour la vie* acharnée et impitoyable. S'ils ont gagné, c'est que leurs caractéristiques le leur permettaient, ils étaient plus rapides que d'autres à la course, ou plus résistants que d'autres aux épidémies, ou plus séduisants lors de la constitution des couples procréateurs. Ces caractéristiques n'ont pas été acquises, elles étaient innées. Si elles sont favorables, elles sont transmises à une nombreuse progéniture ; si elles sont défavorables, elles sont, au contraire, en partie éliminées. Génération après génération, la population ne garde donc que les caractères bénéfiques. La collectivité *s'adapte* à son milieu de vie.

Tout se passe donc à l'image des élevages où les propriétaires sélectionnent les vaches ayant le meilleur rendement en lait, les moutons ayant la plus belle laine, les chevaux les plus rapides, et empêchent les autres de procréer. Dans le monde vivant il n'y a pas de propriétaire poursuivant ainsi un objectif d'amélioration, mais, par la lutte entre les individus, c'est la Nature qui sélectionne les meilleurs.

Reprenons l'exemple des girafes : les diverses girafes mises au monde ont, de façon innée, des cous plus ou moins longs ; celles qui, par chance, ont les cous les plus longs peuvent atteindre les feuillages plus facilement que leurs concurrentes ; elles survivront en période de disette; leurs descendants seront plus nombreux que ceux des girafes moins bien pourvues ; comme ces descendants ressemblent à leurs parents, la longueur moyenne du cou s'allongera à chaque génération. De même les canards qui, par chance, naissent avec des palmes plus larges sauront mieux attraper leurs proies et nourriront mieux leurs petits, ceux-ci survivront plus nombreux.

Au schéma lamarckien : amélioration par l'usage, transmission des caractéristiques acquises, Darwin substitue le schéma : sélection naturelle selon les caractéristiques innées, transmission de ces caractéristiques.

L'explication est ingénieuse, mais elle se heurte à une objection dont Darwin était parfaitement conscient.

A chaque génération les caractères les meilleurs l'emportent ; peu à peu ils éliminent les autres ; la population devient donc homogène, tous les individus sont finalement dotés des caractéristiques optimales. Mais, de ce fait même, la sélection ne peut plus opérer puisqu'elle n'a de prise sur la population qu'en raison de l'hétérogénéité de celle-ci. La sélection naturelle est un mécanisme qui détruit progressivement l'objet même sur lequel il opère. D'où vient donc la diversité effectivement constatée dans toutes les populations ? A cette question centrale, Darwin ne pouvait avoir de réponse.

De plus, il ne pouvait pas mieux que ses prédécesseurs expliquer comment les caractères innés se transmettent de parents à enfant. Il se heurtait à ce fait, insupportable pour notre logique mais bien réel, que, dans les espèces sexuées, un enfant a deux parents ; comment relier chaque trait de l'enfant aux traits de ses deux parents ? Nous avons insisté dans le premier chapitre sur l'impossibilité de résoudre cette difficulté dans une vision pré-mendélienne de la transmission. Faute de mieux, Darwin fit l'hypothèse que chaque trait de l'enfant est proche de la moyenne arithmétique des traits de ses deux parents, ce qui entraîne, nous l'avons vu, une homogénéisation rapide. Et pourtant la dispersion des caractères est considérable !

Darwinisme social.

Les contemporains de Darwin ne s'appesantirent pas sur ces difficultés, ils découvrirent dans son livre *l'Origine des espèces* une théorie expliquant de façon cohérente, satisfaisante, l'évolution du monde vivant. Certes, les oppositions furent vives ; elles vinrent de milieux religieux qui, s'en tenant à une lecture stricte du texte de la *Genèse*, voulaient voir dans chaque espèce une création de Dieu et refoulaient toute idée transformiste comme hérétique. Mais, combattues ou acceptées, les idées de Darwin se répandirent rapidement et formèrent, dans notre culture, la toile de fond de toute réflexion sur le vivant. Aujourd'hui encore les termes de « sélection naturelle », « lutte pour la vie », « adaptation » font partie du discours quotidien.

Avant de préciser mieux le sens de ces mots et de vérifier la validité des concepts qu'ils évoquent, il est nécessaire de s'interroger sur les raisons du succès de cette théorie. Le plus souvent les théories scientifiques révolutionnaires, celles qui bouleversent véritablement notre vision du monde, ne se diffusent que peu à peu dans le public ; il faut des dizaines d'années, voire des siècles, pour qu'un nouveau regard apporté par la science soit adopté par tous. Les termes mêmes que nous utilisons sont le signe de ce décalage ; notre description du mouvement du soleil en est un exemple. Depuis Galilée, nous savons que le soleil ne se lève ni ne se couche : son mouvement n'est qu'une apparence, la réalité est qu'il ne bouge pas ; depuis plus de trois siècles nous ne devrions donc plus parler du « lever » ou du « coucher » du soleil, puisque cet astre n'est nullement l'acteur de ce lever et de ce coucher.

Lorsqu'une novation scientifique est au contraire rapidement adoptée par une culture, la raison n'en est pas nécessairement dans la clarté ou la simplicité de la nouvelle théorie; elle est que cette théorie résout (en général sans l'avoir cherché) un problème de société.

Tel est le cas pour le darwinisme ; il a permis de

justifier des attitudes collectives qui posaient, dans l'Angleterre du milieu du XIXe siècle, des problèmes moraux difficiles à résoudre ou à éluder. Dans une société qui se proclamait chrétienne, on n'hésitait pas à exploiter, au sens le plus rigoureux du terme, un sous-prolétariat condamné de fait au travail forcé dans les mines ou dans les filatures ; on n'hésitait pas à opprimer des peuples africains ou asiatiques réduits à l'état de fournisseurs de matières premières et de débouchés pour les produits métropolitains.

Une certaine lecture de Darwin a permis de présenter ces rapports de domination-soumission comme « naturels » : la nature ne donne-t-elle pas l'exemple des luttes les plus impitoyables ? Il faut que le meilleur gagne ; sa victoire élève le niveau général ; la domination des riches sur les pauvres, des Blancs sur les Noirs, n'est qu'un cas particulier de la lutte pour la vie, de la sélection naturelle, dont le résultat, Darwin l'a montré, est finalement bénéfique à l'ensemble.

Cette transposition des concepts biologiques dans le domaine des rapports entre les hommes a été développée comme un « darwinisme social », présenté comme une discipline scientifique dont les conclusions ne pouvaient être mises en doute.

Une analyse plus réaliste, plus rigoureuse, donne un éclairage tout différent à ce genre de développement, en mettant en évidence les limites de l'explication darwinienne.

Il convient tout d'abord de s'interroger sur le sens du

mot meilleur dans l'expression que nous avons utilisée «les meilleurs l'emportent». En fait, ces «meilleurs» sont ceux qui ont, par chance, les armes les plus efficaces pour lutter contre l'environnement matériel et contre leurs concurrents ; cette efficacité se mesure à leur réussite même. Finalement les «meilleurs» sont, par définition, ceux qui l'emportent. La phrase résumant le darwinisme n'est donc qu'une lapalissade (ou, en termes plus savants, une «tautologie »).

Lorsque l'on passe du domaine biologique au domaine social, on opère un grave détournement de sens du terme « meilleur », car on utilise un mot qui évoque bien d'autres qualités que la capacité à lutter ; en parlant des hommes les « meilleurs », on fait appel à tout un ensemble d'appréciations visant leur générosité, leur intelligence, leur finesse, qui ont peu à voir avec la rude lutte pour la vie.

Néo-darwinisme.

Mais surtout, pas plus que Lamarck, Darwin ne pouvait proposer une explication de la transmission des caractères. Sa théorie est basée sur l'hypothèse que chaque parent transmet « son propre type ». Or, nous l'avons vu, cette hypothèse est fausse. Six années après la parution de *l'Origine des espèces,* Mendel a proposé une tout autre hypothèse, dont l'exactitude a depuis été démontrée. Malheureusement, tandis que la pensée darwinienne se répandait largement, celle de Mendel est restée ignorée pendant 35 ans. Lorsque enfin, en 1900, le monde scientifique a admis la transmission non plus des caractères mais des gènes qui les gouvernent, il a fallut reconstruire la théorie de Darwin. A vrai dire, pour éviter cet effort, de nombreux chercheurs ont préféré refuser d'admettre la vision de Mendel ; la lutte a été particulièrement vive, au début de ce siècle, entre partisans et adversaires de la génétique ; une revue scientifique anglaise, très sérieuse et très célèbre, a ainsi refusé tout article faisant référence aux lois de Mendel jusqu'en 1937 !

Peu à peu il a fallu se rendre à l'évidence et édifier une nouvelle théorie prenant en compte la transmission génétique, mais préservant l'essentiel de l'apport de Darwin, la sélection naturelle. Ce néo-darwinisme a été surtout l'œuvre de mathématiciens ; en effet, ce qui évolue n'est plus tel ou tel caractère, mais la composition du patrimoine génétique collectif d'une population ; cette composition est décrite au moyen de fréquences dont les mécanismes de transformation ne peuvent être étudiées qu'au prix d'équations parfois complexes.

Le néo-darwinisme, souvent présenté sous le titre assez prétentieux de «théorie synthétique de l'évolution», était, au milieu du XXe siècle, largement triomphant. Mais les limites de son pouvoir explicatif sont peu à peu apparues et les recherches se sont orientées dans des directions de moins en moins «darwiniennes»; certains chercheurs développent même des théories dites «non darwiniennes».

L'un des torts du néo-darwinisme est de ne pouvoir expliquer l'extraordinaire diversité génétique de la plupart des populations. L'existence de cette diversité était connue mais seulement de façon très partielle, car on s'est longtemps contenté de regarder les apparences des êtres vivants (leurs « phénotypes »), alors que la diversité réelle concerne les collections de gènes qu'ils ont reçues (leurs «génotypes»). Depuis les années 60, des méthodes peu coûteuses d'analyse des protéines selon leur charge électrique (l'électrophorèse) ont permis de constater que des êtres, développant des fonctions apparemment semblables, réalisaient celles-ci au moyen de substances ayant des structures différentes: la similitude des apparences camoufle donc une dissemblance des dotations génétiques.

Plus récemment, les méthodes de « manipulation génétique », dont on a tant parlé, ont permis de révéler la composition chimique précise des brins de chromosomes codant une protéine donnée ; on a pu ainsi constater des différences au niveau de l'ADN, que l'on ne pouvait mettre en évidence tant que l'on se limitait à l'observation des produits des gènes.

Comment cette diversité inattendue est-elle produite ? et surtout comment se maintient-elle ? Le néo-darwinisme fondé sur un mécanisme qui, par essence, élimine ce qui est « mauvais » et garde ce qui est « bon », qui donc tend vers l'homogénéité, ne peut fournir de réponse satisfaisante.

Post-neo-darwinisme.

Force est donc de développer de nouvelles théories que certains ont désignées par l'expression, provisoire, de *post-néo-darwinisme*. Des recherches sont menées dans diverses directions, mais elles ont un point commun inattendu, la place qu'elles font à un acteur que nous avons introduit à propos de la « reproduction sexuée »: le *hasard*.

Le rôle de ce hasard est clair, dans les théories dites « neutralistes » ; leur schéma de l'évolution est simple : par pur accident aléatoire, une mutation, un gène nouveau apparaît ; lorsqu'il entraîne la réalisation d'une protéine ne permettant pas à l'organisme de fonctionner, l'individu qui l'a reçu meurt, et ce gène disparaît avec lui ; lorsque, au contraire, le gène nouveau n'est pas catastrophique, il n'est pas plus ou moins favorable, il est neutre ; du moins tout se passe-t-il comme s'il n'entraînait aucune conséquence bénéfique ou maléfique pour son porteur. Dans ces conditions, le destin de ce gène dépend de facteurs sur lesquels il n'a aucune prise : nombre d'enfants du porteur, nombre de cas où, au cours de la loterie qu'est la fabrication des gamètes, il sera transmis au spermatozoïde ou à l'ovule qui participera à la réalisation de l'enfant. Par pure chance, ce gène peut se multiplier d'une génération à l'autre, et peu à peu se répandre dans la population ; ou, par pure malchance, n'être que rarement transmis, et un jour disparaître. Ses qualités ou ses défauts n'y sont pour rien : seul le hasard a joué.

Il se trouve que de telles théories, développées à grand renfort de mathématiques, ont un pouvoir explicatif très correct pour certains aspects de l'évolution, notamment la transformation progressive de certaines protéines que l'on retrouve chez de nombreuses espèces (ainsi les chaînes d'hémoglobine).

D'autres théories, plus réalistes sans doute dans de nombreux cas, s'efforcent de combler les lacunes du néo-darwinisme classique en développant des modèles plus complexes que ceux étudiés jusqu'à présent. On y tient compte en particulier d'une évidence : l'effet d'un gène sur la valeur sélective d'un être vivant, c'est-à-dire sur ses performances au cours de la lutte pour la vie, dépend des autres gènes dont il est doté. Tel gène nouveau peut être bénéfique pour un individu petit, de peau blanche et de rhésus positif ; mais il pourra se révéler défavorable chez un individu grand, de peau noire et de rhésus négatif. L'action de chaque gène dépend de tous les autres. De nombreuses recherches sont actuellement réalisées pour mettre en lumière les conséquences de ces interactions. Elles aboutissent à des résultats parfois inattendus ; l'un des plus pittoresques est l'« effet auto-stop » : supposons qu'un gène A ait des effets légèrement défavorables sur le fonctionnement du foie ; il se trouve localisé sur un chromosome à côté d'un gène B qui entraîne un meilleur fonctionnement des reins. Sous l'effet de la sélection naturelle, le gène B va se multiplier à chaque génération, sa fréquence va croître. Mais c'est tout le brin de chromosome situé autour de B qui va ainsi se répandre dans la population ; y compris le gène A, pourtant contre-sélectionné. Tout se passe comme si A avait fait de l'auto-stop et confié à son voisin B le soin de son aventure au cours de l'évolution.

Il ne s'agit pas là de vues de l'esprit ; ce mécanisme a pu jouer réellement. Le résultat en est que la constatation du succès d'un gène ne permet pas d'en conclure qu'il a été sélectionné, parce que favorable. Peut-être a-t-il simplement été entraîné par un gène voisin que nous ne connaissons pas encore.

Revenons une dernière fois à l'exemple du cou des girafes ; peut-être s'est-il allongé parce que les gènes entraînant un plus grand cou se trouvaient situés sur un chromosome au voisinage de gènes entraînant un meilleur fonctionnement d'un organe quelconque n'ayant rien à voir avec le cou. La longueur du cou aurait été entraînée, tel un auto-stoppeur, par un métabolisme du foie ou du pancréas. Son évolution n'aurait pas dépendu de ses propres effets.

Cette conclusion est importante : trop souvent nous

sommes tentés d'admettre que ce qui a eu lieu devait avoir lieu ; ce qui s'est developpé était « meilleur » que ce qui a périclité. C'est là une analyse beaucoup trop simple qui ne tient pas compte des multiples interactions entre les facteurs en jeu.

Lorsque ces interactions sont trop complexes, le scientifique s'en sort en admettant que ces multiples déterminismes enchevêtrés ont le même résultat global que si tout était aléatoire : en fin de raisonnement, nous retrouvons ainsi le hasard.

Hasard et hiérarchies.

Finalement, les deux principales directions de recherches actuelles s'efforçant d'expliquer l'évolution du vivant donnent un poids considérable au hasard. Pour les théories neutralistes, il est le moteur même de la transformation des patrimoines génétiques ; pour les théories sélectionnistes rénovées, il est introduit dans le raisonnement dès qu'il s'agit de prendre en compte la complexité des mécanismes à l'œuvre dans la nature. Dans les deux cas, on admet que « tout se passe comme si » les transformations peu à peu accumulées pour réaliser l'évolution étaient, pour l'essentiel, aléatoires.

Nous sommes loin des explications faciles du darwinisme initial : face à chaque caractère on recherchait le mécanisme qui l'avait sélectionné. Ainsi la couleur noire de la peau des habitants de l'Afrique centrale semblait à l'évidence due à l'ensoleillement de ces régions. On en est maintenant beaucoup moins sûr ; certes, quelques arguments amènent à considérer la peau foncée comme un caractère favorable dans ces contrées, mais d'autres aboutissent à la conclusion opposée : lorsqu'il fait trop chaud, n'est-il pas préférable d'avoir une peau claire qui absorbe moins d'énergie solaire (un tiers en moins), qu'une peau foncée ? La répartition de la couleur de la peau sur la surface de la Terre n'est d'ailleurs guère en faveur d'une explication simple.

De même la notion de « bon » et de « mauvais » gène a pratiquement disparu ; car un gène ne s'exprime jamais seul, il se manifeste dans un ensemble, et il ne peut être jugé en dehors de son contexte. Une maladie génétique très fréquente dans les régions d'Afrique où sévit le paludisme met bien en évidence cette impossibilité de caractériser la valeur d'un gène. Dans ces régions, le patrimoine collectif de gènes gouvernant la synthèse des « chaînes » qui structurent l'hémoglobine (constituant l'essentiel des globules rouges du sang) comporte, à côté des gènes normaux désignés par la lettre A, des gènes mutés désignés par S. Si un enfant reçoit de chacun de ses parents un tel gène S (son génotype s'écrit SS), il est incapable de fabriquer des globules rouges ayant un fonctionnement correct ;

ceux-ci, au lieu d'être circulaires, ont une forme de faucille (d'où le nom de cette maladie, l'« anémie falciforme ») ; ils ne peuvent passer dans les étroits vaisseaux sanguins, et fixent mal l'oxygène ; ces enfants meurent jeunes après une vie douloureuse. Mais si un enfant reçoit un gène A et un gène S (son génotype s'écrit alors AS), la plupart de ses globules rouges sont parfaitement fonctionnels, car l'unique gène A qu'il possède lui fournit la recette de fabrication nécessaire, il n'est nullement atteint d'anémie. Bien plus, il semble résister, mieux que les individus dotés de deux gènes A, aux attaques du paludisme. La présence du gène S, loin d'avoir des effets défavorables, semble lui apporter une protection.

Le gène S est-il bon ou mauvais ? Ainsi posée, la question n'a pas de réponse : il est catastrophique pour ceux qui en reçoivent deux exemplaires, ils en meurent ; il est bénéfique pour ceux qui n'en reçoivent qu'un exemplaire, ils sont protégés contre le paludisme.

Il semble que, dans de nombreux cas, il soit ainsi impossible de porter un jugement sur la valeur de tel ou tel gène. En revanche, il est parfois possible d'en porter sur une collection complète de gènes, mais à condition de changer un peu le sens de la question. Un exemple tiré du monde animal est, à ce sujet, très éclairant.

Valeur et diversité.

Pour les expériences de laboratoires, il est nécessaire de disposer de souris toutes identiques, ce qui donne sens aux comparaisons effectuées en soumettant certaines souris à un médicament X, d'autres à un médicament Y. Pour obtenir de telles lignées, dites « pures », on réalise, pendant de nombreuses générations successives, des croisements entre frères et sœurs ; à la longue, non seulement les souris possèdent toutes les mêmes gènes, mais chacune reçoit des gènes identiques de chacun de ses deux parents : leurs génotypes sont de la forme AA ou BB, très rarement AB. Élevées dans des conditions excellentes, ces lignées pures ont des durées de vie relativement courtes : de l'ordre de 33 mois. Mais si l'on crée une lignée hybride en prenant un parent dans une lignée, un parent dans l'autre, les rejetons ont une durée de vie beaucoup plus élevée, de l'ordre de 42 mois. Les gènes de chaque lignée n'étaient ni meilleurs ni moins bons que ceux de l'autre lignée, mais l'association de l'un et de l'autre se révèle bénéfique : A n'est pas meilleur que B, ni l'inverse, mais AB est supérieur aussi bien à AA qu'à BB.

Il en est de même pour les plantes : songeons aux maïs vigoureux que nous voyons en Beauce ou en Brie ; leur vigueur n'est pas due à ce qu'ils possèdent tel gène

A ou tel gène B, mais à ce qu'ils possèdent l'association d'un A et d'un B. Les souches dites « pures » dont ils sont issus, formées d'individus homogènes, les uns tous AA, les autres tous BB, sont beaucoup moins vigoureuses. Leur qualité ne dépend pas de la nature des gènes qu'ils ont reçus, mais de leur diversité.

Cet exemple tout simple montre combien les raisonnements qui tiennent compte de la double commande génétique peuvent être opposés à ceux, apparemment de bon sens, qui oublient cette réalité. Tel est le cas des mesures « eugéniques » préconisant une procréation dirigée. Que de fois l'on a proposé pour « améliorer et épurer la race » de réserver le droit de faire des enfants aux individus « les meilleurs » ! Si la population « maïs » était dirigée par un dictateur obsédé simultanément par l'amélioration et par la pureté de la race, les pires catastrophes seraient prévisibles puisque ces deux objectifs sont opposés.

De telles mesures ne peuvent être, au mieux, qu'une stupidité. Et pourtant, il ne se passe guère de jour sans que des écrits destinés à un large public ne développent des considérations fondées sur ces fictions : ainsi les articles faisant l'éloge de l'initiative prise en 1980 par un homme d'affaires californien ; il a créé une banque de sperme alimentée par des prix Nobel ! Nous reviendrons au chapitre suivant sur l'effarante mauvaise foi de ceux qui font l'apologie de manipulations aussi grotesques, et sur les arrière-pensées qui peuvent les animer.

CHAPITRE V

Suis-je intelligent ?

Où l'on mène un combat nécessaire contre un nouveau mot piège : les « dons ».

Au printemps 1982, j'ai passé un après-midi passionnant avec les élèves d'une classe dite « section d'éducation spécialisée » ; on y affecte les enfants ayant de graves difficultés scolaires. Sur l'invitation d'un professeur, j'ai dialogué avec une trentaine de filles et de garçons, pendant plusieurs heures, sans que l'attention se relâche. Les questions fusaient ; il s'agissait de la procréation des enfants, de l'intelligence, des races… en gros de tous les sujets évoqués dans ce livre. Vers la fin de l'entretien, une élève, qui était restée tout au long attentive mais silencieuse, a osé poser la question qui lui semblait décisive : « Monsieur, je voudrais devenir intelligente comme vous ; comment faire ? »

Bien sûr, les petits camarades ont ricané : « Nous, on est des débiles ; on nous l'a assez dit. Jamais on ne pourra devenir intelligents ; c'est pas la peine d'essayer. Faut pas confondre les cons et les futés. »

Sous des formes moins brutales, avec des expressions plus subtiles, la même idée est sans cesse exprimée : certains sont plus intelligents que d'autres, ils ont gagné à la loterie génétique, ils sont plus doués ; les autres sont par nature stupides, ils sont les perdants, les pas-doués.

L'existence de « dons », notamment intellectuels, semble si évidente, elle est évoquée si souvent, à tous propos, qu'il semble absurde de la remettre en cause. Et pourtant...

Essayons de regarder la réalité « scientifiquement », c'est-à-dire en étant autant que possible clair et lucide. Pour commencer, précisons de quoi nous parlons lorsque nous prononçons ce mot : intelligence.

Définir l'intelligence.

Un mot apporte d'autant moins d'informations qu'il désigne plus de choses diverses. Je ne sais guère l'origine de celui qui me déclare être né à Villeneuve, tant il y a en France de « Villeneuve », dans le Nord comme dans le Midi. Dans ce cas, à vrai dire, le mal est limité car l'ambiguïté est évidente. Plus dangereux sont les mots flous, au contenu variable, semblables à ces auberges où « on peut apporter son manger ». Chacun leur accorde un sens différent, tout en croyant que les autres comprennent la même chose que lui.

Pour les dictionnaires, les divers sens d'« intelligence » couvrent plusieurs colonnes ; il s'agit aussi bien de la faculté de connaître, de comprendre, d'imaginer, de ressentir, que de l'aptitude à s'adapter à des situations nouvelles, à découvrir des solutions aux difficultés imprévues. Un psychologue qui a beaucoup milité pour que l'école soit plus enrichissante, Henri Wallon, distinguait :

— l'intelligence de la situation où nous nous trouvons face au réel qui nous entoure : nous connaissons celui-ci par une multitude d'informations transmises par nos sens, et il nous faut classer, sélectionner, synthétiser ces informations pour réagir efficacement ;

— l'intelligence du discours que nous tenons à propos de ce réel : nous représentons celui-ci par des symboles, par un langage ; nous imaginons des grandeurs caractérisant les différents éléments qui le constituent (par exemple, leur couleur, leur masse ou leur température) et cherchons à dégager certains rapports entre ces caractéristiques.

Bien sûr, ces deux formes de l'intelligence ne sont pas indépendantes ; c'est notre activité, ce sont les mouvements mêmes de notre corps, c'est notre expérience, qui nous permettent de passer de l'une à l'autre, d'enrichir l'une par l'autre.

Être intelligent, c'est exister face au réel, c'est le connaître en projetant sur lui les abstractions que nous avons su imaginer à son propos ; c'est, selon l'expression de Paul Claudel en tête de son *Art poétique,* « co-naître », naître à la réalité.

Pour y parvenir, il faut utiliser ce qu'apportent nos sens, et confronter cette information à celles que nous avons conservées en mémoire et à ce que nous sommes capables d'inventer. Cette activité fait appel à tout notre être, mais, de façon certainement privilégiée, à cette partie de notre organisme qui nous différencie radicalement des autres animaux, le système nerveux central, le cerveau. Pour étudier les mécanismes de l'intelligence, il nous faut donc connaître ceux de ce support matériel ; nous verrons que la science en ce domaine en est à ses premiers balbutiements. Mais, auparavant, il faut tenter de caractériser les diverses capacités mises en œuvre lorsque nous faisons preuve d'intelligence.

Décrire l'intelligence.

Le mot ne crée pas la chose. L'intelligence n'est pas un objet plus ou moins caché en chacun de nous et qu'il s'agirait de découvrir pour le décrire et le mesurer, comme on peut le faire pour un organe tel que le cœur ou un mécanisme tel que la digestion. Nous sommes en présence d'un concept arbitrairement défini comme conglomérat d'une multitude d'attitudes, d'aptitudes et de capacités. Décrire l'intelligence d'une personne nécessite donc d'envisager mille points de vue, en essayant de définir diverses caractéristiques pour lesquelles une mesure est envisageable.

C'est ce qu'ont tenté de réaliser les psychologues en mettant au point des épreuves aux conditions très précises, les « tests » ; ceux-ci permettent de caractériser par un nombre la rapidité, par exemple, avec laquelle tel jour, dans telles conditions, telle personne a su résoudre tel problème élémentaire imaginé de façon à mettre en lumière des aptitudes précises. Les problèmes proposés consistent souvent à découvrir la règle qui définit une suite de nombres ou de figures (voir l'encadré n° 5).

Grâce à l'imagination féconde des « psy », d'innombrables tests ont ainsi été fabriqués, et expérimentés sur des populations témoins. Ils permettent de mettre en évidence certaines dispositions des personnes testées : certaines sont plus rapides que la moyenne, d'autres voient mieux dans l'espace, d'autres sont plus imaginatives, d'autres concentrent mieux leur attention... Ces indications peuvent être précieuses pour préciser, par exemple, les causes de difficultés scolaires et proposer les mesures à prendre pour y remédier.

Mais des abus étranges ont été commis à ce propos ;

on a voulu utiliser les résultats des tests pour caractériser non plus tel ou tel aspect de l'activité intellectuelle, mais l'intelligence elle-même, dans sa globalité ; on a cherché à « mesurer » l'intelligence.

Il faut introduire, ici, un curieux personnage, le Quotient intellectuel, que tout le monde connaît par ses initiales, QI. Il est né aux États-Unis durant la Première Guerre mondiale ; il fallait en toute hâte constituer une armée et affecter chaque conscrit à l'arme à laquelle il était le plus apte : infanterie, artillerie, génie... Plutôt que de s'en remettre au flair des sergents recruteurs, on utilisa des batteries de tests modifiées à partir de celles mises au point en France, dès 1904, par le docteur Binet. Mais, sans doute pour aller plus vite, on fit la synthèse de l'ensemble des résultats obtenus aux diverses épreuves en les résumant par un nombre unique : en anglais l'« intelligence quotient » ou IQ.

Ce nom est étrange, car le plus souvent il ne s'agit nullement d'un quotient ; c'est en réalité un nombre repère calculé de telle sorte que l'on attribue la note 100 à ceux dont le résultat global est dépassé par 50 % de leurs concitoyens, 115 à ceux qui sont dépassés par seulement 16 %, 130 à ceux qui sont dépassés par 2,3 % ; symétriquement ont la note 70 ceux qui n'en dépassent que 2,3 %, 85 ceux qui en dépassent 16 %. Il s'agit là, bien évidemment, d'une convention comme aiment à en adopter les scientifiques lorsqu'ils définissent la température ou la pression. Il n'y aurait rien à en dire, si ce nombre n'avait été utilisé dans des conditions aberrantes.

Le fait qu'il soit un nombre et soit même présenté comme un quotient (ce qu'il n'est le plus souvent pas) lui donne une façade de scientificité : on ne se permet pas de discuter un nombre, surtout lorsqu'il résulte de longs calculs auxquels il est difficile d'avoir accès.

En réalité, ce qui importe n'est pas le nombre lui-même, mais ce qu'il représente. Pour rester très « mesuré », j'admettrai qu'il mesure peut-être quelque chose ; mais force est de constater que personne ne peut dire quoi. Je ne pense pas qu'un seul psychologue oserait affirmer que « le QI mesure l'intelligence ». Ce serait évidemment absurde : comment un nombre unique parviendrait-il à mesurer un objet aux multiples caractéristiques ?

Malheureusement, cette idée a été répandue dans le public par certains auteurs ayant un large accès à des journaux à grand tirage, et a été étrangement acceptée. Si des esthéticiens avaient l'idée de calculer un Quotient de beauté, le QB, en faisant de savants calculs en fonction de la largeur des hanches, de la longueur du nez, du velouté de la peau, et d'autant de mesures que l'on voudra, chacun s'esclafferait. Personne ne croirait que Marie est plus belle qu'Hélène car son QB est supérieur de 5 points. La beauté est une qualité évidemment trop subtile pour être exprimée par un nombre. Pourquoi ne s'esclaffe-t-on pas plus fort encore devant ceux qui présentent le I de QI comme l'initiale d'« intelligence » ?

Cependant, admettons-le, un argument semble leur donner raison. Le QI, tel qu'il est mesuré, est un bon prédicteur de la réussite scolaire ; et, par conséquent, dans notre société, un bon prédicteur de la « réussite » tout court : si le QI d'un enfant est de 120, il est très probable qu'il réussira mieux ses études que son camarade dont le QI est de 90. On observe, comme l'on dit en termes savants, une bonne « corrélation » entre le niveau du QI et le succès scolaire ; plus élevé est le QI, plus en moyenne est probable le succès.

A partir de cette constatation, quelques psychologues, peu nombreux mais qui ont su se créer une large audience, affirment que le QI est un « facteur » de la réussite. Ils commettent ainsi une erreur logique monumentale, la plus grave sans doute que l'on puisse commettre : confondre corrélation et causalité. Le sujet est sérieux et vaut que l'on s'y arrête.

Pour illustrer cette erreur, je propose à mes élèves l'expérience suivante : posez à votre voisin dans l'autobus ou le métro deux questions :

— combien payez-vous de loyer ?

— combien de jours avez-vous passés aux sports d'hiver l'an dernier ?

Rassemblons les réponses ; nous constatons, bien sûr, que les habitants des quartiers chics paient cher de loyer et passent en moyenne deux semaines dans la neige ; les habitants des HLM de banlieue ont des loyers beaucoup moins élevés et ne passent qu'un ou deux jours à la montagne : plus cher est le loyer, plus longue est, en moyenne, la durée des vacances d'hiver ; il y a une très forte *corrélation* entre ces deux nombres. Faut-il en conclure que le loyer est un « facteur » de la durée des vacances ? Cela amènerait à tripler les loyers des HLM pour permettre enfin aux ouvriers de faire de longs séjours en montagne ! Il y a comme une erreur quelque part dans le raisonnement. Eh bien, c'est exactement la même erreur logique que commettent les quelques « psy » ou les quelques idéologues qui osent présenter le QI comme un « facteur » de la réussite. Ils confondent innocemment, ou consciemment selon les cas, corrélation et cause.

Certes, un QI de 90 permet de prévoir un manque de réussite, *si les conditions restent ce qu'elles sont*. Mais pourquoi le resteraient-elles ? Il n'y a là aucune fatalité. Tout au contraire, l'objectif de la mesure du QI doit être non le plaisir de prévoir l'échec, mais la possibilité de prendre les mesures qui permettront de l'éviter.

Le véritable enjeu est plus grave encore, c'est le regard même que nous portons sur l'homme qui est en cause. En effet, le QI étant un nombre obtenu à la suite d'observations réalisées avec objectivité, et de calculs rigoureux, on admet facilement qu'il correspond à une caractéristique de la personne mesurée ; les tests nous attribuent un QI de 103 comme les laboratoires nous trouvent un groupe sanguin A ou un Rhésus négatif.

C'est notre nature même qui semble ainsi révélée. Le verbe *avoir* dans l'expression « Henri *a* un QI de tant » exprime bien cette croyance en l'existence d'une caractéristique naturelle que chacun possède et que les tests permettent simplement de mesurer.

Or, rien n'est plus faux.

Pour en prendre conscience, interrogeons-nous, puisqu'on évoque nos caractéristiques « naturelles », sur ce que la « nature » nous a donné.

Décrire le support de notre intelligence.

Notre organisme tout entier participe à notre activité intellectuelle ; cependant un ensemble particulièrement complexe joue un rôle privilégié, le système nerveux central. Les éléments actifs en sont essentiellement des cellules spécialisées, les neurones. Dès la troisième semaine de la vie de l'embryon, apparaît une plaque dite « plaque neurale », qui peu à peu s'allonge et dont les bords se rejoignent pour former le tube neural ; la couche de cellules qui tapisse l'intérieur de ce tube se différencie et se multiplie, réalisant peu à peu le système nerveux dans toute sa complexité. Dès le second mois de la vie fœtale, on peut observer son activité. A la naissance, les quelques 100 milliards de cellules nerveuses dont disposera l'individu au cours de sa vie sont déjà, pour l'essentiel, en place, mais elles n'ont pas atteint leur taille définitive et surtout elles ne sont pas encore entourées des gaines isolantes qui les rendront fonctionnelles ; le poids du cerveau n'est alors que de l'ordre de 350 grammes ; sa croissance est tout d'abord très rapide en raison de la « myélinisation » des fibres nerveuses, c'est-à-dire de leur isolement par des couches graisseuses ; puis cette croissance se ralentit, le poids maximum, 1 300 à 1 400 grammes, est observé à la puberté ; après quoi, une lente diminution commence, et à 75 ans ce poids est inférieur de 10 % à son maximum ; chaque jour, en effet, environ 50 000 neurones sont mis hors d'usage (soit 1 milliard en une soixantaine d'années, ce qui n'est, à vrai dire, qu'une bien faible partie de l'ensemble).

Le rôle de chaque neurone est de recevoir et de transmettre des informations, codées sous forme d'impulsions électriques. Pour réaliser ces transferts, il est connecté à d'autres neurones par l'intermédiaire de structures de liaison appelées synapses, dont le nombre, variable selon le rôle du neurone, peut dépasser 20 000.

Essayons de prendre une conscience plus claire de ce système : l'effectif de nos neurones est équivalent à 15 ou 20 fois l'effectif des hommes qui peuplent la Terre (songeons à ces innombrables foules des villes asiatiques ou américaines); chacun de ces neurones est en communication permanente avec plusieurs milliers ou plusieurs dizaines de milliers d'autres.

Le réseau ainsi constitué est d'une complexité, d'une

richesse prodigieuses, qui défient l'imagination. Pour illustrer cette complexité, on peut évoquer le fameux mythe du docteur Faust qui a vendu son âme au diable ; pour être vraiment riche, ce n'est pas votre âme qu'il vous faut lui vendre, mais vos synapses : si le diable accepte de vous les payer un franc pièce (ce qui est un prix bien bas, compte tenu de la précision de fabrication de cet objet), vous serez à la tête d'une richesse tellement fabuleuse qu'elle vous permettra de prendre à votre charge, sans vous ruiner, les impôts de tous les Français, pendant un siècle.

Plus précieux encore que cet énorme tas d'or est le réseau hyper-complexe de circuits nerveux dont chacun de nous est doté.

Sa réalisation est évidemment sous la dépendance de notre patrimoine génétique ; ce sont nécessairement des gènes qui fournissent les recettes de fabrication des substances qui entrent dans la composition des divers éléments de ce système, ou qui en régulent le fonctionnement. Mais est-il concevable que sa structure même soit programmée génétiquement ?

L'ordre de grandeur du nombre de gènes est la centaine de milliers ; celui du nombre de synapses est le million de milliards ; les premiers ne pourraient spécifier de façon rigoureuse les secondes que si elles étaient les éléments d'une structure très simple, ce qui n'est évidemment pas le cas.

Il paraît plus difficile encore d'imaginer une détermination précise de la structure du système nerveux central par l'information génétique, lorsque l'on évoque la réalisation de ce système à partir de l'œuf initial. Dès avant la naissance, l'équipement de l'individu en neurones est achevé ; or, la durée de la vie intra-utérine, 9 mois, représente 400 000 minutes : le futur bébé, durant cette période, fabrique en moyenne 250 000 neurones par minute, rythme qui peut sans doute atteindre 500 000, ou même plus, à certaines phases de son développement. On voit mal comment des structures complexes pourraient être mises en place à une cadence aussi effrénée sous un contrôle rigoureux du patrimoine génétique.

Pour résoudre ce paradoxe, de nombreux chercheurs admettent que les connexions entre les neurones sont réalisées initialement au hasard, tout au moins pour une très grande part. Mais surtout ces connexions sont provisoires ; ce n'est que par l'usage qu'elles acquièrent une spécificité. En termes savants, on dit qu'après une phase « génétique » au cours de laquelle le système nerveux s'est constitué de façon aléatoire, grâce aux recettes de fabrication contenues dans les gènes, vient une phase « épigénétique » au cours de laquelle des réseaux impliquant des milliers de neurones, et plus encore de synapses, se réalisent et se stabilisent, en fonction des éléments apportés par l'environnement. Cette seconde phase, qui correspond à la structuration du système nerveux, commence très probablement avant la naissance et se poursuit tout au long de la vie.

ENCADRÉ N° 5

UN TEST SUR LES SUITES DE NOMBRES QUE LES FORTS EN MATHS NE RÉUSSISSENT GÉNÉRALEMENT PAS

— J'annonce 2,4,6,8 qu'annoncez-vous pour le nombre suivant ?

— 10.

— Bravo ! C'est en effet la suite des premiers nombres pairs. Et si j'annonce 1,8,27,64, qu'annoncez-vous ?

— 125.

— Encore bravo ! C'est en effet la suite des cubes des premiers nombres : $1^3 = 1$, $2^3 = 8$, $3^3 = 27$... Et si j'annonce 2,4,5,6,4,3, qu'annoncez-vous ?

— ?

— Pour vous aider, je vous indique que le cinquantième nombre est 9 et que le centième est 4 ?

— ?

— La réponse est donnée page 114. Le lecteur aurait tort de chercher trop longtemps, surtout s'il est « fort en maths » ; et pourtant la question est bien posée.

On voit mieux dans ces conditions comment la « nature » et l'« aventure » s'associent pour mettre en place l'outil grâce auquel nous exerçons notre activité intellectuelle.

Une image souvent utilisée mais qui, en fait, trahit beaucoup la réalité, est celle de la boîte de Meccano : la nature nous a fourni une boîte plus ou moins riche de pièces, de vis et d'engrenages ; l'aventure que nous avons vécue nous a permis de réaliser avec ces éléments des machines plus ou moins complexes et performantes.

Bien sûr, si la boîte est vide ou presque vide, il nous est impossible de rien construire. C'est le cas des enfants dont le patrimoine génétique est tel que leur cerveau ne peut se constituer, ou est progressivement détruit. L'on connaît des maladies dues à des gènes et qui ont cet effet ; citons les deux plus connues :

— la *maladie de Tay-Sachs* : elle empêche la myélinisation normale des cellules cérébrales ; le cerveau ne peut devenir fonctionnel ; l'enfant meurt vers deux ou trois ans. Cette maladie est très rare en France ;

— la *phénylcétonurie* déjà évoquée : normalement un acide aminé, la phénylalanine, apporté par les aliments est transformé par l'organisme en divers autres produits. Chez les enfants atteints de cette maladie, une des enzymes nécessaires pour effectuer cette transformation est déficiente ; si aucun soin n'est donné la phénylalanine s'accumule dans certains organes, dont le cerveau, qu'elle détériore progressivement [1]. En France, environ 1 enfant sur 12 000 en est atteint.

1. Nous avons vu au chapitre II que des soins appropriés permettent maintenant d'éviter le déclenchement de cette maladie.

RÉPONSE

Le nombre suivant est 4 : les chiffres indiqués représentent tout simplement le nombre de lettres des nombres successifs écrits en français, un (deux lettres), deux (quatre lettres)...

Il existe donc des causes génétiques de l'idiotie. Pour les enfants victimes de ces maladies, il n'est pas question de développer une intelligence, puisque son support n'existe pas. Mais peut-on pour autant affirmer qu'il existe des causes génétiques de la « super-intelligence » ? Cette sorte de symétrie n'a, en fait, aucun sens.

Il faut ici prendre à partie un mot qui semble bien anodin, mais qui véhicule toute une idéologie : les « dons ».

Préciser l'origine des « dons ».

Dès qu'un enfant réussit facilement en classe, on le déclare « doué » ou même « surdoué » ; si sa réussite est particulièrement éclatante dans un domaine précis, il est « doué pour les... ». On sous-entend par là que les capacités remarquables dont il fait preuve résultent d'un don, mais fait par qui ? Par les fées, bien sûr, qui se sont penchées sur son berceau ; mais la réponse n'est guère scientifique. Pour être plus réaliste, on désigne aujourd'hui la « nature », c'est-à-dire les éléments matériels qui sont à l'origine de ce que nous avons appelé notre « Big Bang », les gènes. Dans l'esprit de la plupart de nos contemporains, être doué, c'est avoir reçu de bons gènes ; être doué pour la musique, c'est avoir reçu les gènes de la musique...

Certes, rien de ce que nous sommes n'est totalement indépendant de nos gènes, mais ceux-ci ne peuvent, pour autant, en être désignés comme la cause. Au chapitre II, nous avons montré l'impossibilité de séparer les effets des gènes de ceux de l'environnement ; ceci est d'autant plus net que les caractères étudiés sont complexes, ce qui est évidemment le cas pour les traits intellectuels.

Le « don pour la musique » dépend nécessairement des gènes, car l'enfant doté de gènes qui le rendent sourd deviendra difficilement un grand musicien ; mais peut-on affirmer que certains gènes ou certaines combinaisons de gènes sont la cause du génie musical, ou même que ce génie est héréditaire ? On n'en voit pas la moindre preuve. L'exemple de la famille de J.S. Bach, si souvent cité, ne permet nullement de l'affirmer ; la densité exceptionnelle de musiciens dans cette famille s'explique mieux encore en invoquant une influence du milieu. De nombreux contre-exemples de musiciens sans ascendance ou descendance « douée » montrent que les choses sont pour le moins complexes.

De même, on évoque souvent « la bosse des maths ». L'expression suggère qu'il s'agit d'une aptitude naturelle, même si l'on ne croit plus aujourd'hui qu'elle correspond à la présence d'une bosse, quelque part sur le crâne. Aucun argument ne peut être présenté à l'appui de l'idée que la capacité à se mouvoir avec aisance dans l'univers créé par les mathématiciens, et à s'y montrer inventif, soit due à une structure innée du cerveau. Mais le mythe est maintenu par le langage, et aussi par quelques articles de journaux dont on peut s'interroger sur le véritable objectif. Ainsi le 3 janvier 1980, *France-Soir* annonçait sous un large titre que « la bosse des maths » est liée à « un gène héréditaire (*sic* !) moins fréquent chez les femmes ». Cette découverte était attribuée à une équipe de chercheurs américains qui aurait démontré que la différence d'aptitude aux mathématiques entre les hommes et les femmes était « avant tout une question génétique ». Naturellement aucune précision n'était fournie sur les auteurs supposés de telles stupidités. Puisque tout enfant, quel que soit son sexe, a un père et une mère, les gènes ont nécessairement la même fréquence dans les deux sexes ; ce théorème élémentaire de génétique semblait ignoré des journalistes responsables. En fait, le message sous-jacent était autre : il s'agissait d'affirmer une fois de plus la supériorité innée des hommes sur les femmes.

Revenons à une vision plus réaliste du support de

notre activité intellectuelle. Dès que notre système nerveux central est pourvu de neurones et de synapses fonctionnant normalement, la structuration progressive du réseau de leurs interconnexions, dont nous avons vu la richesse quasi infinie, peut aboutir à de merveilleuses possibilités. Peu importe que nous disposions d'un peu plus ou d'un peu moins de ces éléments, puisque, le plus souvent, ils sont beaucoup plus nombreux qu'il n'en est besoin. Les différences d'aptitudes que mettent en évidence les tests paraissent dérisoires face aux extraordinaires capacités que nous offre cet organe.

Pensons, par exemple, à l'étonnante capacité d'évocations dont nous sommes pourvus. Prononçons un mot, et aussitôt une multitude d'images, d'histoires, d'idées afflue à notre conscience. Essayons avec le mot « concorde » : dès que je l'entends ou le lis, je peux trouver en moi mille informations me permettant de décrire en détail la place de la Concorde (et les Tuileries, et les Champs-Élysées, et les fontaines, et l'obélisque...) ou l'avion Concorde (et son nez pointu, et sa vitesse, et son déficit commercial...) ou la nécessaire concorde entre les peuples... Ces trois syllabes sont la clé d'une caverne plus riche de souvenirs, de réminiscences, d'associations d'idées que celle d'Ali Baba n'était riche de trésors. Et chaque mot a ce pouvoir, et j'en reste maître.

Mieux encore, face à une situation inattendue, je suis capable d'inventer des procédés nouveaux, face à une question imprévue d'imaginer un raisonnement original. Un exemple caractéristique de cette capacité est donné par la façon dont le jeune Karl Gauss, au début du XIXe siècle, a réalisé le calcul de la somme des cent premiers nombres. L'histoire est racontée dans l'encadré n° 6. Sans doute n'est-elle pas authentique, mais comme disent les Italiens : « *se non è vero, è bene trovato* ».

L'intelligence manifestée par le petit Karl n'a pas consisté à calculer vite, mais à imaginer une question mieux posée. Ce qu'il a fait est finalement bien simple ; chacun de nous aurait pu en faire autant. Mais le fait est que, pour ma part, je ne l'ai pas fait. Pourquoi ? Sans doute par excès de conformisme, par passivité, par obéissance. Nous nous laissons enfermer dans la recherche de tel ou tel problème particulier, alors que l'attitude « intelligente » consiste à imaginer un problème plus large, dont celui qui nous est posé n'est qu'une application. En fait, Karl Gauss avait trouvé beaucoup plus que le total demandé ; il avait inventé une méthode permettant de calculer instantanément la somme de n nombres consécutifs quelconques (ainsi la somme des nombres allant de 1001 à 2000 inclus s'obtient en multipliant 3001 par 500).

Son cheminement n'a guère utilisé une caractéristique de notre activité cérébrale à laquelle, étrangement, notre culture accorde un prix considérable, la vitesse.

Dans notre société de mouvement perpétuel, il est certes bien souvent utile d'avoir des réflexes rapides. Il n'est pas abusif de prévoir une meilleure réussite à celui qui, plus rapidement que les voisins, répond à une question. Mais c'est là une caractéristique parmi bien d'autres de notre activité intellectuelle ; elle n'est privilégiée que dans certaines formes de culture ou dans certaines circonstances. Le paysan d'autrefois avait à prendre des décisions requérant beaucoup d'« intelligence » ; mais, vivant au rythme des saisons, il pouvait les mûrir longuement, la rapidité ne lui était guère nécessaire.

Tous les tests réalisés face à un examinateur qui déclenche un chronomètre sont avant tout des tests de rapidité : cette qualité est importante certes, mais pourquoi en faire la qualité première ?

Dans notre effort de compréhension du monde qui nous entoure, les progrès les plus décisifs ne sont pas, contrairement à ce que l'on croit trop facilement, les réponses trouvées à nos questions, mais la formulation de questions plus pertinentes ou mieux posées.

Le lent travail d'élaboration d'une question n'est-il pas infiniment plus caractéristique de notre activité intellectuelle, que la découverte plus ou moins rapide d'une réponse ? Une question peut être nouvelle, originale, beaucoup plus qu'une réponse.

Une mésaventure personnelle m'a fait prendre conscience de l'importance de ce lent travail de maturation, de compréhension, de pénétration d'un problème : un certain matin ayant, sans cause apparente, formulé intérieurement une idée, à vrai dire

ENCADRÉ Nº 6

GAUSS, SON MAÎTRE D'ÉCOLE, LES NOMBRES ET L'ADDITION

Le petit Karl Gauss, raconte-t-on, avait 6 ou 7 ans et, comme tous ses camarades de classe, savait compter, additionner et même faire des multiplications simples. Pour avoir un instant de liberté, qu'il espérait long, le maître leur demande un jour de calculer la somme de tous les nombres de 1 à 100. Chacun se met laborieusement à ses additions, sauf le petit Karl qui reste le crayon en l'air. Après une ou deux minutes, il lève la main : « J'ai trouvé, monsieur, le total est 5 050. »

Avait-il un « don » de calculateur prodigieux, capable d'additionner aussi rapidement que nos actuelles petites machines électroniques ? Certainement pas. La réalité est beaucoup plus simple. On peut reconstituer son cheminement probable ainsi :

— tout d'abord le refus d'exécuter un travail fastidieux, inutile (puisque le résultat est déjà connu du maître) et voué très probablement à l'échec (comment ne pas faire d'erreurs au cours de 100 additions lorsque l'on a 7 ans ?) ;

— ensuite le désir de s'amuser à propos du travail proposé en suivant un autre chemin. Au lieu de procéder de proche en proche : $1 + 2 = 3$, $3 + 3 = 6$, ..., additionnons le premier et le dernier nombre : $1 + 100 = 101$, puis le second et l'avant-dernier : $2 + 99 = 101$, le troisième et l'antépénultième : $3 + 98 = 101$, ... tiens, tiens, le total semble toujours le même ; au fond c'est normal puisque le premier des deux nombres additionnés augmente chaque fois tandis que le second diminue d'autant. Ce total de 101 je le trouverai à chaque addition jusqu'à la cinquantième et dernière : $50 + 51 = 101$. Finalement j'aurai trouvé 50 fois 101, le total est donc : $50 \times 101 = 5\,050$.

subtile et qui m'a semblé particulièrement originale, je me suis senti « très intelligent ». Dans l'après-midi je n'ai pas résisté au plaisir, à la fin d'une réunion de travail, d'énoncer cette nouvelle vérité première devant quelques camarades ; au lieu des compliments attendus, l'un d'eux a répliqué par un sourire moqueur. « Tu ne trouves pas cette idée intéressante ? — Si, bien sûr, mais elle figure intégralement dans ma thèse. » J'avais, dix-huit mois plus tôt, fait partie de son jury ; je sors aussitôt de ma bibliothèque mon exemplaire de sa thèse : rapidement nous retrouvons le passage exprimant presque mot pour mot « mon » idée. Dans la marge, j'avais noté « non, faux ».

Peut-être suis-je particulièrement lent — dix-huit mois pour comprendre une phrase — mais j'avais, après ce long délai, vraiment compris le problème posé, au point d'en faire une idée personnelle. Aurais-je été plus ou moins « intelligent », si en une semaine j'avais compris cette phrase, mais en la laissant extérieure à moi ? Comprendre, c'est aussi prendre, s'approprier ; qu'importe dans ce processus la rapidité ?

*

Les multiples capacités de notre cerveau qui nous permettent d'avoir une attitude réellement « intelligente » ne sont prises en compte que très partiellement par les fameux « tests » ; nous savons bien mal décrire ces capacités. Nous savons plus mal encore préciser les mécanismes qui les ont réalisées. Elles n'ont pu se développer initialement qu'à partir des apports de notre patrimoine génétique, mais ce développement n'était pas en totalité inscrit dans le programme initial. Ce qui était inscrit était la possibilité d'un apprentissage, non le contenu de cet apprentissage.

Celui-ci ne se réalise pas sans peine. Un effort quotidien est nécessaire au gymnaste pour rendre son corps plus fort et plus agile ; de même la puissance et l'agilité de notre esprit ne peuvent être maintenues et développées sans effort.

La paresse la plus courante ne consiste pas à refuser de travailler, mais à refuser de faire appel aux capacités les plus subtiles de notre outil intellectuel, en particulier à l'imagination. Nous sommes prêts à réaliser de longs calculs, à résoudre des équations complexes, à recourir à de laborieux développements, mais notre esprit est rétif devant la recherche et la mise au point d'interrogations formulées en termes nouveaux. Le mathématicien Th. Guilbaud aime affirmer que nous avons l'âge non de nos artères, mais de nos algèbres, c'est-à-dire de notre capacité à modifier d'un jour à l'autre les modèles par lesquels nous représentons le réel. Un exercice quotidien dans ce domaine peut être aussi rajeunissant qu'une séance de jogging.

Que répondre finalement à la question qui m'avait été posée : « Comment devenir intelligent comme vous ? »

— Tout d'abord qu'il ne s'agit pas d'être intelligent

« comme un tel », cela n'a aucun sens ; deux intelligences sont nécessairement différentes, sans que, pour autant, l'une soit supérieure à l'autre ; les intelligences sont trop complexes pour pouvoir être hiérarchisées ; cherchons à être intelligent, mais ne nous donnons pas un modèle ;

— que la question était bien formulée, car elle admet que l'on n'« est » pas intelligent, on le devient ;

— qu'il est très facile de ne pas devenir intelligent, la recette est simple : s'assoupir dans la passivité des réponses apprises, renoncer à l'effort de formuler ses propres questions ;

— que devenir intelligent c'est suivre la voie inverse, c'est procéder au dressage de cet animal rétif, paresseux, qu'est notre cerveau ; c'est le contraindre à aller au bout des questionnements, à ne pas se satisfaire trop facilement de réponses toutes faites ; c'est faire flèche de tout bois, les dons de la nature comme les apports de l'aventure, pour construire l'outil intellectuel qui nous permet d'être nous-même ; c'est se créer soi-même.

CHAPITRE VI

A moi de me créer

Où l'on s'aperçoit que le temps n'est pas qu'un faucheur, mais aussi un semeur, et que, dans le processus de notre création, c'est à nous d'avoir le rôle décisif.

Dans les rébus, pour représenter la syllabe « tan », on utilise souvent un squelette armé d'une faux, le « temps ». En effet, il est clair que le temps est le grand destructeur ; c'est lui qui nous ride, nous use, nous vieillit, et finalement nous fauche.

Ce rôle destructeur de la durée, qui semble l'évidence même, a été doté d'un statut scientifique par la discipline qui a dominé toutes les autres depuis le début du XIXe siècle, la thermo-dynamique.

Après plusieurs siècles de tâtonnements, les chercheurs essayant de comprendre les transformations qui s'opèrent dans le monde matériel, ont forgé un concept permettant de les décrire avec rigueur et souvent au moyen de formules très simples : l'énergie.

L'énergie et sa dégradation.

Ce terme fait maintenant partie du langage quotidien : chacun comprend lorsqu'on évoque la crise de l'énergie, ou les nécessaires économies d'énergie ; mais il est aussi au centre des théories scientifiques les plus subtiles : la fameuse formule écrite si souvent sous les photos d'Einstein, $e = mc^2$, est un discours sur l'énergie.

Deux affirmations, deux « principes », énoncés par Carnot en 1824, sont à la base de toute étude concernant l'énergie :

— premier principe : dans un système matériel isolé, la *quantité* d'énergie reste constante. Ceci n'est vrai, bien sûr, que si l'on tient compte de toutes les formes d'énergie présentes dans le système : chaleur, énergie cinétique, énergie potentielle..., et si l'on additionne toutes ces quantités en les exprimant au moyen d'une unité de compte commune. En termes plus savants, cette affirmation correspond à la constatation de bon sens : rien ne se perd et rien ne se crée ;

— deuxième principe : au cours des transformations d'un système isolé, la *qualité* moyenne de l'énergie qu'il contient ne peut que se dégrader. Cette phrase nécessite une précision sur ce que l'on entend par la « qualité » d'une énergie. Elle correspond à la plus ou moins grande facilité de la transformation d'une forme d'énergie en une autre. Disposant d'une énergie sous forme de travail, il est facile de la transformer complètement en chaleur. Par contre, disposant d'énergie sous forme de chaleur, on ne peut en transformer qu'une partie en travail. Pour caractériser cette dissymétrie, on dit que la chaleur est une forme d'énergie de moindre qualité que le travail.

Le « deuxième principe » affirme que chaque transformation s'accompagne d'une diminution de qualité de l'énergie présente (dont, en vertu du premier principe, la quantité reste constante). A la longue, toute cette énergie finira donc par se retrouver sous la forme la moins noble : la chaleur. Toutes les structures, toutes les organisations qu'apportaient les autres formes d'énergie se seront effondrées, dissoutes. Il ne restera plus qu'un magma indifférencié de particules élémentaires dont l'agitation désordonnée représentera la chaleur résiduelle.

Cette vision, étendue à l'ensemble de l'univers, nous amène à prévoir l'effondrement de toute structure, la rupture de tout lien, la disparition de tout ordre ; à envisager l'inéluctable et progressif avènement d'une immense grisaille indifférenciée, guère moins triste que le néant.

Cela n'est certes pas gai ; si c'est la réalité de notre univers, il faut bien « nous y faire ».

Il y a, fort heureusement, un « mais ».

Le paradoxe de la vie.

Une partie de cet univers, bien petite face à l'immensité des galaxies, mais passionnante, semble faire un pied de nez au deuxième principe. Cette partie rebelle, c'est l'ensemble des êtres vivants. Apparus sous une forme bien modeste, bien peu organisée, il y a quelque 3 milliards d'années, ils semblent n'avoir nullement eu pour destin un affadissement, un effondrement. Tout au contraire, à mesure que le temps s'est écoulé, ils ont gagné en complexité ; ils ont mis en place des structures subtilement organisées ; ils ont réalisé des processus de reproduction garantissant la transmission sans perte et pratiquement sans erreur de ces structures. Ils ont même été capables d'inventer le mécanisme le plus merveilleux qui soit : la procréation d'un être vivant à partir de deux autres.

Chaque être vivant reste, à la longue, soumis au deuxième principe ; il vieillit, et finit par succomber. Mais oublions les sorts individuels et considérons les êtres vivants dans leur ensemble, comme une vaste communauté dont nous observons l'évolution. A eux tous, nos contemporains, qu'ils soient plantes, animaux ou hommes, représentent un système matériel infiniment plus complexe, plus riche de structures et d'informations que nos lointains ancêtres de l'ère primaire.

De quel pouvoir particulier disposent donc les êtres vivants pour oser ainsi contredire la base même de notre compréhension de l'univers matériel ? Doit-on admettre l'existence en eux d'une sorte de « force vitale », propre aux vivants, qui leur permettrait de détourner la fatalité des lois physiques ?

Devant cette question, les scientifiques se sont longtemps contentés de ne pas répondre, laissant aux philosophes le soin de proposer d'autres formulations du problème.

Il se trouve que la pensée scientifique actuelle élimine ce paradoxe.

L'auto-organisation.

Il ne s'agit pas de nier le deuxième principe de la thermodynamique, mais de prendre garde à ne l'appliquer que dans les conditions où il est valable, c'est-à-dire aux systèmes isolés. Or, dans la pratique, les systèmes matériels auxquels nous nous intéressons ne sont nullement isolés ; ils sont en contact avec d'autres systèmes ; ils réalisent avec eux des échanges (notamment d'énergie) ; ils sont traversés par des flux ; à leurs limites ils subissent des perturbations provoquées par le milieu qui les entoure. Loin d'être des systèmes isolés, ils sont, selon la terminologie introduite par Ilya Prigogine, prix Nobel de chimie en 1977, des *structures dissipatives*. Cette expression a été forgée afin de bien marquer le tiraillement de ces ensembles entre deux extrêmes : d'une part, l'ordre, l'organisation, la structure ; d'autre part, le désordre, le gaspillage, la dissipation [1].

Lorsque de telles structures sont, par suite d'une fluctuation quelconque imposée par l'environnement, mises dans un état éloigné de l'équilibre, elles peuvent fort bien ne pas revenir spontanément vers cet équilibre, se trouver au contraire entraînées vers un comportement tout différent de modification des rapports entre les éléments qui les constituent, d'*auto-organisation*. La fluctuation aléatoire est ainsi la source non d'un plus grand désordre, d'un appauvrissement, comme l'affirme le deuxième principe pour les systèmes isolés, mais tout au contraire d'un ordre supplémentaire, d'un enrichissement de la structure.

Dans ces conditions, l'état actuel d'un système ne peut être expliqué par son seul état initial ; il est le résultat de toute son histoire, de l'ensemble des événements qu'il a subis et auxquels il a réagi de façon partiellement imprévisible. Chaque système est, de ce fait, singulier.

A l'opposé de la thermodynamique classique, qui

1. Il n'est pas excessif de profiter ici de l'ambiguïté de ce mot qui, dans notre langue, évoque aussi bien la disparition (la dissipation des nuages) que la turbulence (un enfant dissipé).

décrit un monde où tout se nivelle, où les différences sont peu à peu gommées, où l'on ne rencontre plus qu'homogénéité, insignifiance et ennui, la thermodynamique des structures dissipatives constate la tendance naturelle des systèmes matériels à se différencier, à réaliser des structures nouvelles à partir des perturbations qu'ils subissent, à profiter des fluctuations pour créer de l'ordre.

Ce pouvoir d'auto-structuration dépend essentiellement de la complexité du système. Si celui-ci est simple, composé d'un petit nombre d'éléments ayant entre eux des rapports rigides, seule une fluctuation de grande ampleur est capable de l'éloigner suffisamment de l'équilibre pour que, au lieu d'y revenir, il suive une nouvelle trajectoire. S'il est au contraire riche de multiples éléments ayant entre eux des actions et des réactions dépendant de nombreux paramètres, une faible fluctuation peut provoquer un processus d'auto-structuration qui entraîne une complexification de l'ensemble. C'est la complexité elle-même qui donne le pouvoir de devenir spontanément plus complexe encore.

L'évolution du monde vivant est l'exacte illustration de ce mécanisme. Les événements survenus au cours de l'histoire de notre planète ont apporté les perturbations qui ont permis à chaque groupe d'êtres vivants formant un ensemble reproducteur, c'est-à-dire à chaque espèce, de se transformer et de se différencier des autres espèces. Ces perturbations ont apporté des opportunités de complexification qui ont parfois été saisies. Certaines lignées n'ont que peu (ou même pas) progressé dans cette voie ; d'autres, par pur hasard, ont brûlé les étapes. La suite des espèces qui ont abouti à la nôtre est un assez bon exemple de complexification presque continue.

Dans cette perspective, l'apparition de la vie (c'est-à-dire du pouvoir de reproduction), la réalisation du mécanisme de procréation à deux, la production d'espèces de plus en plus performantes, le surgissement enfin de cette merveille qu'est notre espèce, aux capacités si étendues que nous ne les avons pas encore explorées, tout cela n'est ni miraculeux ni même improbable, mais très exactement conforme à cette propriété naturelle des systèmes matériels : profiter des perturbations qu'ils subissent pour accroître leur organisation, utiliser la complexité qu'ils ont su acquérir pour devenir plus complexes encore.

La durée n'a pas été que destructrice ; elle a permis l'apparition du nouveau, de l'inattendu, de l'imprévisible. Le temps a certes été souvent un faucheur, mais il a su être aussi un semeur de graines, que le hasard a fait germer.

Cette compréhension nouvelle des propriétés du monde matériel supprime le scandale apparent que constituait aux yeux de la thermodynamique classique le développement foisonnant, merveilleusement créateur du monde vivant.

Elle nous apporte aussi un regard plus lucide sur le

développement de chaque être vivant, et tout particulièrement sur chaque être humain.

Un regard lucide sur l'homme.

Comme tous les êtres vivants, le petit homme reçoit, au départ, un patrimoine d'informations génétiques lui confiant tous les secrets grâce auxquels son organisme pourra se construire, se développer et lutter pour se maintenir. Les substances complexes qui le constitueront, les mécanismes régulateurs subtils qui le stabiliseront, les horloges internes qui rythmeront les phases successives de son épanouissement, puis de son vieillissement, sont définis irrévocablement par la collection de gènes reçue pour moitié de son père, pour moitié de sa mère.

Mais ces gènes, isolés, sont muets ; ils ne peuvent s'exprimer que grâce aux apports de l'environnement. Pendant les neuf mois de la vie fœtale, cet environnement est le sein maternel ; après quoi il s'élargit à tout ce et à tous ceux qui apportent nourriture, énergie, information, affection.

Tout être vivant a besoin de ce double apport : les gènes et le milieu. C'est l'interaction de ces deux sources qui permet la réalisation de son organisme, sans que l'on puisse attribuer une part prépondérante à l'un ou à l'autre. Nous l'avons vu, la question de « l'inné et de l'acquis » ne peut être tranchée par un simple nombre.

Cette nécessité de disposer à la fois d'une dotation génétique et d'un apport du milieu était déjà imposée aux premiers êtres vivants, nos plus lointains ancêtres. Mais ils n'étaient que des automates génétiques, répétant inlassablement les comportements dictés par leurs gènes face aux fluctuations de l'environnement.

Peu à peu, grâce à des mutations provoquées par des accidents ou des erreurs lors de la reproduction des brins d'ADN, une plus grande complexité est apparue et a été transmise. Une certaine souplesse de réaction a été manifestée, laissant une place à des comportements nouveaux. L'innovation devenait possible. Chaque être a pu profiter de son expérience personnelle pour réagir avec une meilleure efficacité dans chaque circonstance. Une étape décisive a été franchie lorsque les leçons de cette expérience ont pu être transmises à la génération suivante. L'individu procréé a alors bénéficié d'une période d'apprentissage auprès de ses géniteurs ; ainsi a été assurée la transmission d'informations ignorées du patrimoine génétique. Celui-ci a été doublé d'un patrimoine culturel. Chez certains oiseaux, le chant n'est pas totalement inné ; les modulations doivent être apprises des aînés.

Cette transmission par apprentissage permet d'autant plus d'innovations que la durée de celui-ci est plus longue ; ainsi chez certains singes. Le cas d'un groupe de macaques d'une île située au sud du Japon est célèbre ; les scientifiques qui étudiaient ce groupe apportaient comme cadeau des pommes de terre qu'ils posaient sur le sable ; un jour de 1952, une jeune femelle imagina de laver ces pommes de terre dans l'eau de mer, ce qui leur donne meilleur goût ; six ans plus tard 80 % des macaques avaient adopté cette coutume, seuls les plus anciens étaient restés réfractaires.

Mais, de très loin, c'est dans notre propre espèce que l'apprentissage est le plus décisif et le plus long. Plus qu'aucun autre animal, le petit d'homme, né avant que son cerveau ne soit fonctionnel, est incapable de survivre seul. Les connaissances instinctives dont il est pourvu sont à peu près nulles. Moins capable à sa naissance que les autres animaux, il bénéficie pourtant d'un privilège incomparable : le pouvoir pratiquement illimité d'apprendre.

Cette capacité extraordinaire a été mise à profit pour mettre en place une troisième source d'informations : grâce au langage et à l'écriture, l'homme a constitué une mémoire extérieure à lui-même et capable de lui survivre ; elle contient l'ensemble de l'expérience humaine. Même oubliés par tous les hommes pendant des siècles, des ancêtres lointains, depuis longtemps disparus, peuvent encore nous faire part de leurs observations, si nous sommes capables de déchiffrer leur écriture.

L'enfant, qui se construit et devient un homme, est

riche non seulement des recettes biologiques apportées par ses gènes, non seulement des substances apportées par son milieu et des comportements enseignés par son entourage, mais il est aussi riche potentiellement des trésors accumulés par les traditions orales ou enfouis dans toutes les bibliothèques du monde.

L'existence de cette troisième source permet d'affirmer de chaque homme qu'il est, selon l'expression de J.-P. Sartre, « fait de tous les hommes ».

L'aventure humaine illustre donc bien le processus de la complexité se nourrissant elle-même. C'est parce que l'évolution biologique l'a doté d'un système nerveux central d'une richesse fabuleuse, que l'homme a pu mettre en place des mécanismes qui lui permettent d'accroître encore cette richesse en accumulant sans fin, au profit de chacun, les expériences de tous.

Mais ce mécanisme a conduit notre espèce plus loin encore.

Ayant dépassé en complexité, de plusieurs ordres de grandeur, toutes les autres espèces, l'homme est devenu, de ce fait même, le champion de l'*auto-organisation*. Ce mot a un sens bien précis ; il signifie que celui qui est doté de ce pouvoir développe des processus dont il est lui-même la source. Représentons la réalisation d'un homme par un schéma ; trois flèches symbolisent les apports des trois sources que nous avons évoquées : les gènes, le milieu, la mémoire sociale collective. Pour que ce schéma soit complet, il faut y faire figurer une quatrième flèche qui part de l'individu

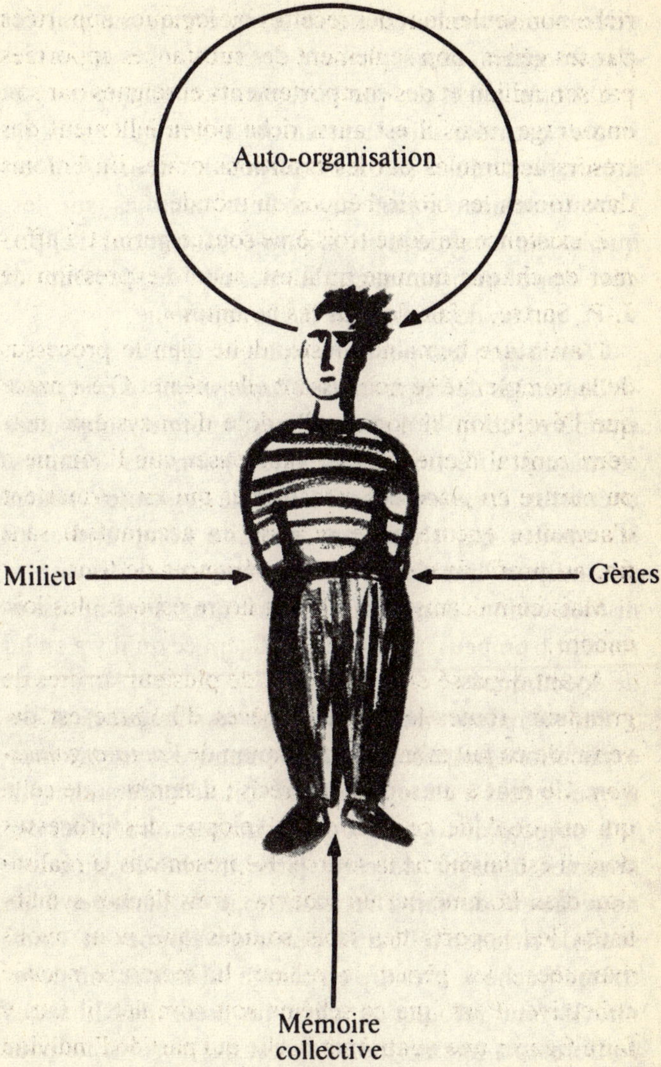

Dessin par Victoria.

pour revenir sur lui-même ; elle représente son pouvoir d'auto-organisation.

Un être qui n'est que le résultat d'influences extérieures est nécessairement un objet fabriqué ; plus ou moins bien réussi selon la qualité des sources, il est l'aboutissement passif de chaînes causales sur lesquelles il n'a pas de prise. L'auto-organisation, si elle se développe suffisamment, lui permet de devenir un sujet, qui se détermine en partie lui-même.

C'est-à-dire qui peut prétendre être libre.

Toutes les descriptions de l'homme qui se bornent à énumérer ce qu'il a reçu (gènes, énergie, substances chimiques, affection, informations) sont insuffisantes, irréalistes, car elles passent à côté de l'essentiel. Toutes les images qui s'efforcent de faire comprendre les mécanismes humains en les comparant à des mécanismes connus dans d'autres structures, sont nécessairement trompeuses car elles négligent ce qu'il y a en lui de spécifique.

Par sa nature même, l'homme se situe au-delà des explications simplistes et des métaphores ; encore faut-il que l'accès à cette spécificité soit accordé à chacun.

L'objectif de tous ceux qui contribuent à réaliser des hommes à partir de cette larve inachevée qu'est le nouveau-né devrait être avant tout de l'amener à un seuil de richesse telle qu'il puisse développer sa « quatrième flèche », prendre en charge lui-même son devenir. Il faut refouler le désir de créer des hommes conformes à une norme. Ce n'est pas sans risque pour l'ordre. Mais ce risque ne vaut-il pas d'être couru, si la liberté est à ce prix ?

*

« Moi, je n'suis pas comme les autres. » Bien sûr, car mon patrimoine génétique, fruit d'une double loterie, est unique ; unique aussi l'aventure que j'ai vécue. Ce que j'ai en commun avec tous les autres est le pouvoir, à partir de ce que j'ai reçu, de participer à ma propre création.

Encore faut-il qu'on me laisse faire.

Merci, mes parents, dont l'ovule et le spermatozoïde contenaient toutes les recettes de fabrication des substances qui me constituent.

Merci, ma famille, pour la nourriture, la chaleur, l'affection, qui m'ont permis de grandir et de me structurer.

Merci, mes maîtres, qui m'ont transmis les connaissances lentement accumulées par l'humanité depuis qu'elle interroge l'univers.

Merci, vous qui m'avez aimé, de votre irremplaçable amour.

Mais c'est à moi d'achever l'ouvrage, à moi de poser la poutre faîtière. Oubliez celui que vous auriez voulu que je sois. Je n'ai pas à réaliser le rêve que vous aviez fait pour moi ; ce serait trahir ma nature d'homme. Pour que je sois vraiment un homme, vous me devez un dernier cadeau : la liberté de devenir celui que je choisis d'être.

Table

Introduction 7

I. Mon Big Bang 9

— Reproduction ou procréation ? . . 10
— Apparence et réalité (« phénotype et génotype ») 20
— Hasard et procréation 23
— Qui n'est pas « taré » ? 28

II. L'inné et l'acquis 33

— L'addition : un piège redoutable . . 35
— Analyse additive des écarts entre individus 37
— Génétique et fatalité 41
— Chômage, couleur et gènes . . . 44

III. Les gens de ma race et les autres . . . 47

— Classer... et trahir 49
— Comment définir des races ? 55
• *À la recherche de gènes « marqueurs ».* 56

• *À la recherche d'écarts entre les fréquences des gènes* 58
— Comment hiérarchiser ? 62
• *Nombres et hiérarchie* 63
• *Quelques exemples de hiérarchisations spontanées* 65
• *Raisonnement « scientifique » et hiérarchisation* 69

IV. Les êtres vivants : tous mes cousins . . 73

— Fixisme 79
— Lamarckisme 80
— Darwinisme 81
— Darwinisme social 84
— Neo-darwinisme 87
— Post-neo-darwinisme 90
— Hasard et hiérarchies 93
— Valeur et diversité 96

V. Suis-je intelligent ? 99

— Définir l'intelligence 100
— Décrire l'intelligence 102
— Décrire le support de notre intelligence. 108
— Préciser l'origine des « dons » . . . 114

VI. À moi de me créer 125

— L'énergie et sa dégradation . . . 126
— Le paradoxe de la vie 128
— L'auto-organisation 129
— Un regard lucide sur l'homme . . 133

Du même auteur

Structures génétiques des populations
Masson, 1970

Génétique des populations humaines
PUF, 1974

L'Étude des isolats. Espoirs et limites
(sous la direction d'Albert Jacquard)
PUF – INED, 1976

Concepts en génétique des populations
Masson, 1977

Éloge de la différence
Seuil, « Points Sciences », 1981

Au péril de la science ?
Seuil, « Points Sciences », 1984

Images de la science
(en collaboration avec Maurice Tubiana & Yves Pelicier)
Économica, 1984

L'Héritage de la liberté
Seuil, « Science ouverte », 1986
et « Points Sciences », 1991

Cinq Milliards d'hommes dans un vaisseau
Seuil, « Point-Virgule », 1987

Les scientifiques parlent…
(sous la direction d'Albert Jacquard)
Hachette, 1987

Abécédaire de l'ambiguïté
Seuil, « Point-Virgule », 1989

C'est quoi l'intelligence ?
(en collaboration avec Marie-José Auderset)
Seuil, « Petit Point », 1989

Moi, je viens d'où ?
(en collaboration avec Marie-José Auderset)
Seuil, « Petit Point », 1989

C'est quoi l'intelligence ?
Seuil, « Petit Point », 1989

Idées vécues
(en collaboration avec Hélène Amblard)
Flammarion, 1989

Voici le temps du monde fini
Seuil, 1991
et « Points Essais », 1993

Tous pareils, tous différents
(en collaboration avec Jean-Marie Poissenot)
Nathan, 1991

La Légende de la vie
Flammarion, 1992

E = CM2
(en collaboration avec Dominique Boll)
Seuil, « Petit Point », 1993

Un monde sans prisons ?
Seuil, 1993

L'Explosion démographique
Flammarion, 1993

Inventer l'homme
Complexe, 1993

Qu'est-ce que l'hérédité ?
Grancher, 1993

L'Utopie ou la mort
Canevas, 1993

Absolu
(en collaboration avec Hélène Amblard & l'Abbé Pierre)
Seuil, 1994 et « Points », n° 140

Le Mime
(en collaboration avec Marie-José Auderset
& Béatrice Poncelet)
La Joie de lire, 1994

Science et Croyances
(en collaboration avec Jacques Lacarrière)
Écriture, 1994

J'accuse l'économie triomphante
Calmann-Lévy, 1995
et Livre de Poche, 2000

La Matière et la Vie
Milan, 1995

Le Souci des pauvres
Calmann-Lévy, 1996
et Livre de Poche, 1998

La Légende de demain
Flammarion, 1997

Au pays de Socrate
Calmann-Lévy, 1997

Pour une terre de dix milliards d'hommes
Zulma, 1998

Dictionnaire de la biologie
(en collaboration avec Charles Auffray)
Flammarion, 1998

L'Équation du nénuphar
Calmann-Lévy, 1998
et Livre de Poche, 2000

L'homme est l'avenir de l'homme
(en collaboration avec Edmond Blattchen)
Alice, 1999

Petite Philosophie à l'usage des non-philosophes
(en collaboration avec Huguette Planès)
Le Livre de Poche, 1999

Les Probabilités
PUF, 2000

À toi qui n'es pas encore né(e)
Calmann-Lévy, 2000

IMPRESSION : NORMANDIE ROTO IMPRESSION S.A. À LONRAI
DÉPÔT LÉGAL : MARS 2001. N° 48237 (010458)